国家级职业教育规划教材
全国职业院校汽车类专业新形态工作手册式教材
全国技工院校汽车类专业工学一体化教材

汽车底盘控制系统检测与维修

中德诺浩汽车职业教育研究院　组织编写
主编　吕丕华

中国劳动社会保障出版社

内容简介

本书是全国职业院校汽车类专业新形态工作手册式教材 / 全国技工院校汽车类专业工学一体化教材，由中德诺浩汽车职业教育研究院组织开发。全书共包含 3 个学习情境、12 个学习任务，内容涵盖防抱死制动系统（ABS）自诊断、轮速传感器检查与更换、ABS 总成更换、ABS 排气、ABS 电路检查、ABS 综合故障检修、电子驻车制动系统故障检修等内容。

本书可作为全国职业院校与技工院校汽车类专业教学用书，也可作为汽车售后服务企业相关技术人员与社会人士培训参考用书。

本套教材由吕丕华主编，本书由许智达负责编写。

图书在版编目（CIP）数据

汽车底盘控制系统检测与维修 / 吕丕华主编. -- 北京：中国劳动社会保障出版社，2022
全国职业院校汽车类专业新形态工作手册式教材　全国技工院校汽车类专业工学一体化教材
ISBN 978-7-5167-5682-9

Ⅰ. ①汽…　Ⅱ. ①吕…　Ⅲ. ①汽车 - 底盘 - 电气控制系统 - 检测 - 高等职业教育 - 教材②汽车 - 底盘 - 电气控制系统 - 车辆修理 - 高等职业教育 - 教材　Ⅳ. ①U472.41

中国版本图书馆 CIP 数据核字（2022）第 202907 号

中国劳动社会保障出版社出版发行

（北京市惠新东街 1 号　邮政编码：100029）

*

北京市白帆印务有限公司印刷装订　　新华书店经销

880 毫米 ×1230 毫米　16 开本　6.25 印张　147 千字

2022 年 12 月第 1 版　　2024 年 5 月第 2 次印刷

定价：20.00 元

营销中心电话：400-606-6496

出版社网址：http://www.class.com.cn

http://jg.class.com.cn

当前，我国正在加快实施“中国制造 2025”计划，处于由制造大国向制造强国、由人力资源大国向人力资源强国发展的重要时期，党和国家为此制定了一系列科教兴国、人才强国的战略措施。

在人才队伍中，工作在生产一线的技能型人才是重要基础。高素质技能型人才队伍是推动经济社会发展的重要保障，职业教育是培养高素质技能型人才的主要渠道。尽管世界各国国情不同，发展职业教育的条件、政策和具体措施各异，但无论发达国家还是新兴工业化国家，均普遍重视职业教育在培养高素质技能型人才中的重要作用，把发展职业教育作为人力资源开发、振兴经济、增强国力的战略选择。

德国的职业教育水平处于世界领先地位。德国经济在世界金融危机中之所以依然稳健发展，与其因职业教育发达而拥有大量的高素质技能型人才是分不开的。完备的法律制度和各方面的高度重视，为德国的职业教育发展提供了有力保障。德国的双元制职业教育制度将劳动人事制度与教育制度有机地结合在一起。学校和企业都是培养人才的主体，并承担相应责任，学校和企业的教学计划、形式和内容虽各有侧重，但又相互联系，且均以工作任务为教学载体，将技能学习和训练、理论学习和运用有机结合，充分发挥学生在教学中的主体作用，着力培养学生承担社会责任的能力、独立发现和解决问题的能力、在实践中自主学习的能力。

改革开放以来，我国在借鉴国外先进职业教育经验方面取得了可喜成就。我国职业教育的对外交流与合作就是从借鉴和学习德国经验开始的，中德诺浩（北京）教育投资股份有限公司为此做了积极而有效的探索。

长期以来，该公司致力于引进德国的汽车职业教育资源，与德国手工业协会合作，在国内与以德国品牌为主的汽车合资企业和各类职业院校共同开展教育工作。经过多年的探索，结合我国国情，该公司成功地引进德国汽车职业教育的课程体系、教学素材和教学方法，并结合互联网手段进行了全方位本土化，在此基础上与 300 多所职业院校联手，为我国汽车维修企业培养了大批优秀人才。与此同时，该公司组织中德两国的汽车技术专家、经验丰富的维修技师和职业教育专家，共同编写了职业院校汽车类专业新形态工作手册式教材。这套教材以培养高技能人才为目标，内容选自实际操作，既“原汁原味”地吸纳了德国经验，又结合我国实际情况充实了教学内容，推动我国汽车维修技能型人才的培养与世界接轨。我期待其在我国培养国际标准汽车高技能人才方面发挥出重要作用，在中国由汽车大国向汽车强国迈进的征程中做出应有的贡献。

唐天标

（本序作者系第十一届全国人大常委会委员、第十一届全国人大教科文卫委员会副主任委员，原中国人民解放军总政治部副主任，上将军衔）

前言

职业教育是国民教育体系和人力资源开发的重要组成部分，肩负着培养多样化人才、传承技术技能、促进就业创业的重要职责。随着新型工业化的推进和科学技术的发展，现代职业教育体系越来越成为国家竞争力的重要支撑。为贯彻落实全国职业教育大会精神，推动现代职业教育高质量发展，加快构建现代职业教育体系，建设技能型社会，弘扬工匠精神，培养更多高素质技术技能人才、能工巧匠、大国工匠，满足我国汽车产业迅猛发展对高端技术技能型汽车人才的需求，中德诺浩在总结多年来将德国汽车职业教育中国本土化经验的基础上，编写了这套职业院校汽车类专业新形态工作手册式教材。

本套教材将理论基础和实践应用有机结合，在引领学生学习汽车专业知识的同时培养学生实际操作技能，具有以下特点：

（1）以企业一线任务为引导，将理论知识与实践技能进行完美结合。

（2）集图、文、声、像于一体，为学生提供多种形式的学习素材。

（3）采用四色印刷，版面简洁清晰、主题明确、色彩清新。

（4）本套教材配有丰富的数字化教学资源，学生可通过扫描每本书专属的封面二维码进行浏览和自学。

本套教材由中德诺浩汽车职业教育研究院组织编写，编写方式充分发挥了学生的主体地位，优化了课堂设计，便于调动学生的学习积极性和主动性，还可培养学生的创新意识和创新能力。

本套教材是职业院校汽车类专业核心课程教材，同时也可供从事汽车研究、设计、制造、使用和维修的工程技术人员学习和参考。

由于时间紧、任务重，本书内容难免有不恰当和错误之处，敬请广大读者批评指正！

编者

2022 年 10 月

目录
CONTENTS

情境一

ABS 一般故障检修

任务一　防抱死制动系统（ABS）自诊断

防抱死制动系统（ABS）自诊断任务工单					
客户信息	姓名		职业		
车辆信息	车型		VIN 码		行驶里程
客户描述	制动液液位偏低 □ 制动灯常亮 □ 车辆制动时有异响 □ 其他：		制动器失灵 □ 轮速传感器无反馈信号 □ 电子驻车制动系统故障 □		ABS 故障灯常亮 □ ABS 总泵不工作 □ 报警灯常亮 □

车辆外观检查		车辆内部检查	
凹凸 □		污渍 □	
划痕 □		破损 □	
石击 □		色斑 □	
油漆 □		变形 □	

明确具体工作任务	

任务目标

- 能够对车辆的 ABS 进行基本检查
- 能够使用诊断设备对 ABS 进行自诊断
- 能够解答客户关于 ABS 方面的疑问

任务内容

- ABS 的定义
- ABS 的组成
- ABS 控制单元的控制原理
- ABS 控制单元的自诊断原理
- ABS 的保护模式

续表

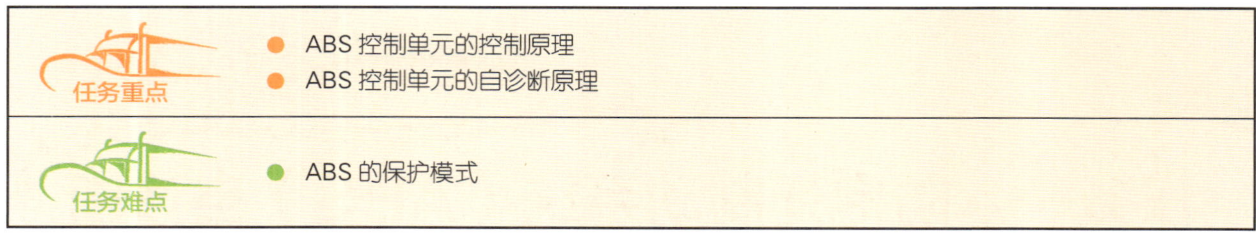

任务重点	● ABS 控制单元的控制原理 ● ABS 控制单元的自诊断原理
任务难点	● ABS 的保护模式

一、知识讲解

（一）ABS 的定义

ABS（Anti-lock Braking System）是防抱死制动系统的简称，其作用是在制动时实时监测并控制四个车轮的制动力，防止车轮抱死产生滑移。带有 ABS 的车辆不仅能缩短制动距离，还能提高制动时的方向稳定性与转向控制能力。

（二）ABS 的组成

ABS 主要由传感器、控制单元和执行器三大部分组成，如图 1-1 所示。

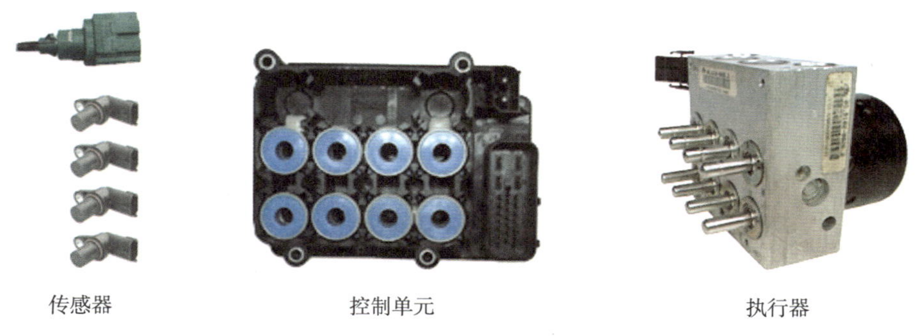

图 1-1　ABS 的组成

1. ABS 传感器

ABS 传感器主要包括制动开关和四个轮速传感器。制动开关的主要作用是向 ABS 控制单元提供开始制动的信号，然后 ABS 控制单元会根据四个轮速传感器的信号判定制动时四个车轮的状态。ABS 传感器的位置如图 1-2 所示。

图 1-2　ABS 传感器的位置

2. ABS 控制单元

ABS 控制单元与液压控制系统组装在一起，所有的电磁阀和电磁线圈直接集成在控制单元总成内部，如图 1–3 所示。

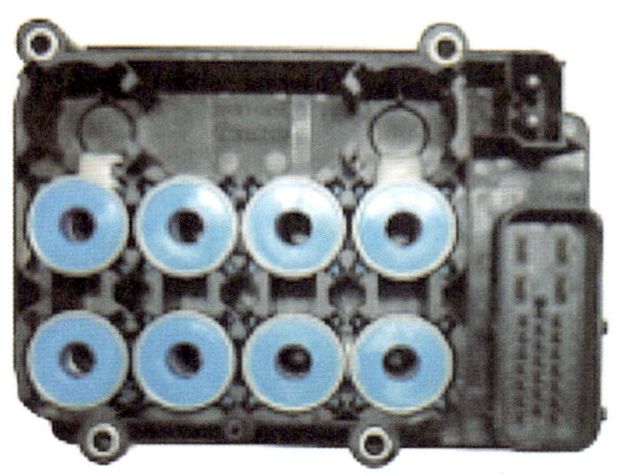

图 1–3 ABS 控制单元

ABS 控制单元的主要作用是收集制动踏板的制动信号和各个轮速传感器的转速信号，在制动时根据轮速传感器的转速信号来计算车轮的滑移率，然后通过对液压控制系统的电动液压泵和电磁阀的控制，将车轮的滑移率控制在一定范围之内。

ABS 控制单元还具有故障自诊断功能，控制单元工作时能对自身和系统中的有关电器元件进行测试。如果控制单元发现系统中存在故障，一方面使 ABS 故障指示灯点亮，中断 ABS 工作，恢复常规制动；另一方面会将故障信息以代码的形式存入存储器中，然后在检修时由修理人员将故障码调出，以便了解故障情况。

3. ABS 执行器

ABS 执行器主要包括一个电动液压泵和八个电磁阀。电动液压泵负责向车轮提供液压动力，八个电磁阀则分别控制着四个车轮制动器上的液压回路，以实现在制动时对每个车轮的单独控制。电动液压泵与八个电磁阀都安装在液压控制系统的阀体总成上，如图 1–4 所示。

除此之外，仪表上的 ABS 故障指示灯也是一个 ABS 执行器，它的主要作用是向驾驶员提供“ABS 存在问题”的告知信息，提醒驾驶员及时到专业修理厂进行维修，如图 1–5 所示。

图 1–4 ABS 执行器的位置 1

图 1–5 ABS 执行器的位置 2

（三）ABS 控制单元的控制原理

ABS 控制单元的控制原理如图 1–6 所示。当进行制动时，制动开关将制动踏板踏下的信号传递给 ABS 控制单元，ABS 控制单元在接收到此信号后，开始根据轮速传感器传来的信号检测此时四个车轮的转动情况；一旦检测到某个车轮处于抱死状态时，便通过液压控制系统的电磁阀对此车轮上的制动器进行泄压；当车轮由于泄压恢复转动后，电控单元便又通过对电动液压泵和电磁阀的控制，对其进行加压。如此反复，将车轮的转动与抱死控制在一定的频率范围内，这个频率即为滑移率。

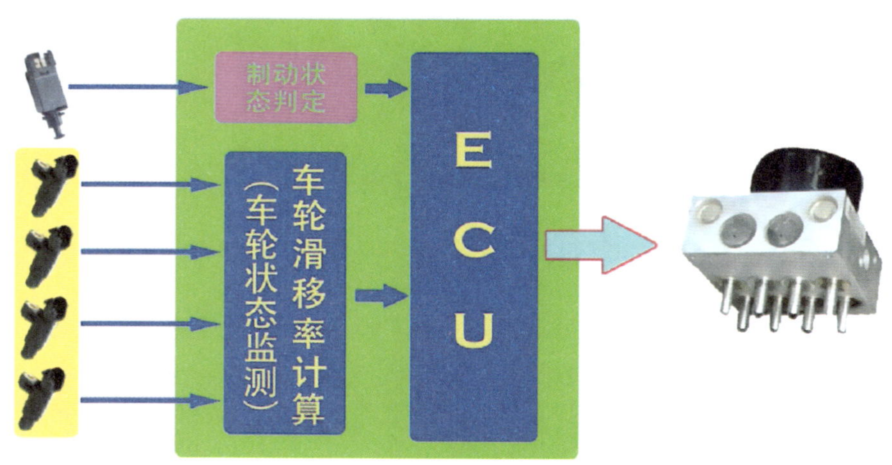

图 1–6 ABS 控制单元的控制原理

（四）ABS 控制单元的自诊断原理

在行车过程中，ABS 控制单元会实时监测四个轮速传感器的转速信号，并进行对比，以此来判别传感器有无损坏或工作异常等情况。一旦发现某个轮速传感器信号与其他轮速传感器信号或车速信号有较大偏差，便点亮故障指示灯并存储故障码。

除此之外，在刚打开点火开关时，ABS 故障指示灯会点亮，ABS 控制单元先进行内部检查，通过对所有的电磁阀和液压泵电动机的电阻进行检测来判断执行元件线路有无损坏。若线路无任何故障，则向仪表控制单元发出“熄灭指示灯”的指令，仪表上的 ABS 故障指示灯才会熄灭。否则，ABS 故障指示灯便会常亮，警告驾驶员 ABS 出现故障。

（五）ABS 的保护模式

当 ABS 中的重要执行元件出现故障时，ABS 会采取应急保护措施，保证车辆的正常制动系统不受影响。

1. 当两个以上轮速传感器损坏或 ABS 油泵电路故障时，ABS 会退出工作，但仍保留 EBD（电子制动力分配）功能，防止后轮比前轮先抱死从而产生甩尾的危险。

2. 当某个电磁阀或三个以上的轮速传感器出现故障时，ABS 和 EBD 功能都失效，此时制动系统还可以进行常规制动。

二、任务准备

在下列图片中勾选出完成本任务所需的工具、设备、资料等。

 扭力扳手	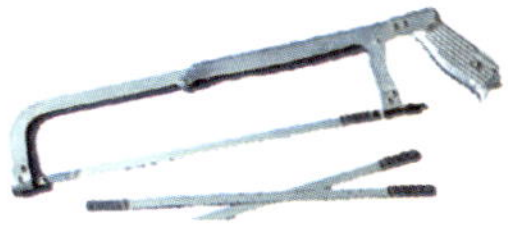 手锯	 三件套	 吹尘枪
		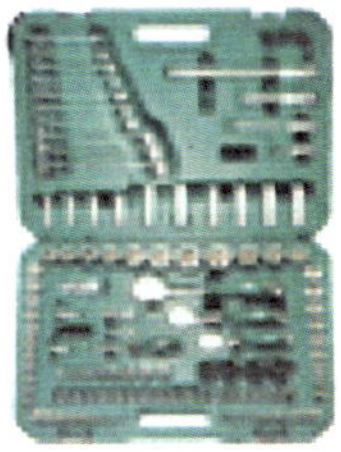	
诊断仪	工具车	工具套件	油液回收工具
		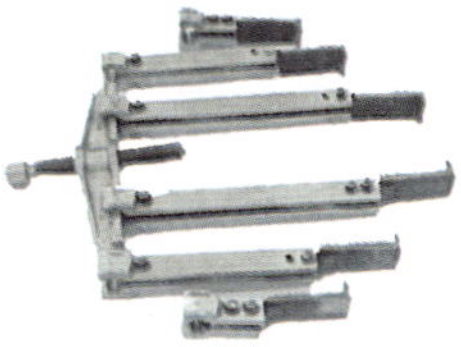	
带磁力表座的百分表	抹布	拉力器	手电筒

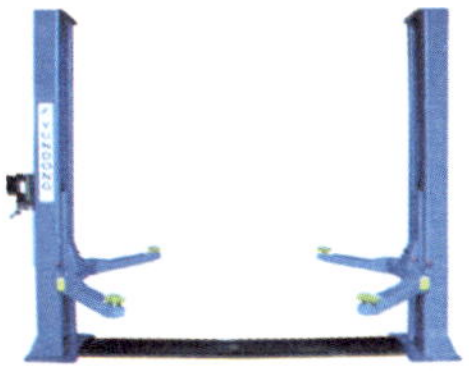 举升机	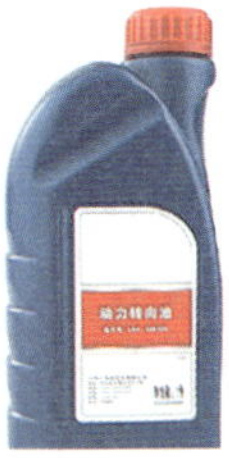 转向助力油	 维修手册	 传动带	 实训整车

三、防护措施

1. 进入车间应穿工鞋、戴工帽；工作服应穿戴整齐，不裸露皮肤；操作时不可佩戴手表等金属饰品，以防划伤车辆表面。

2. 举升车辆时应严格按照举升机的使用方法进行操作，并通知其他学员远离举升设备。

3. 更换油液或配件时应进行油液和配件的回收清理工作，以免对工作环境造成污染。

识别下列三幅车间操作图片，勾选出操作正确的图片。

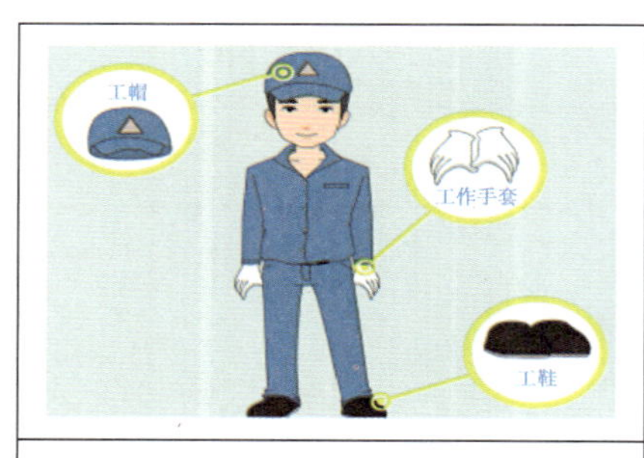	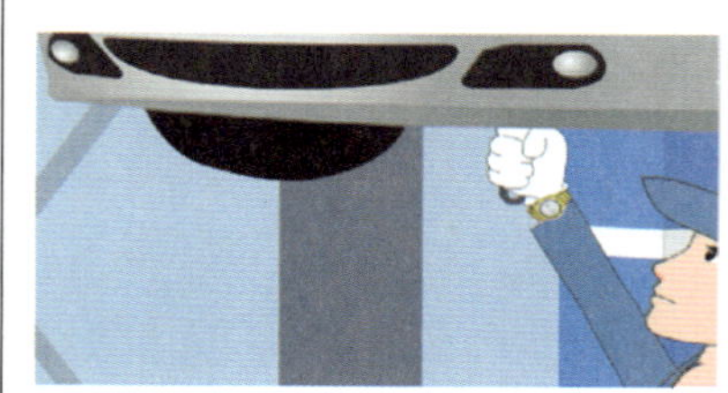	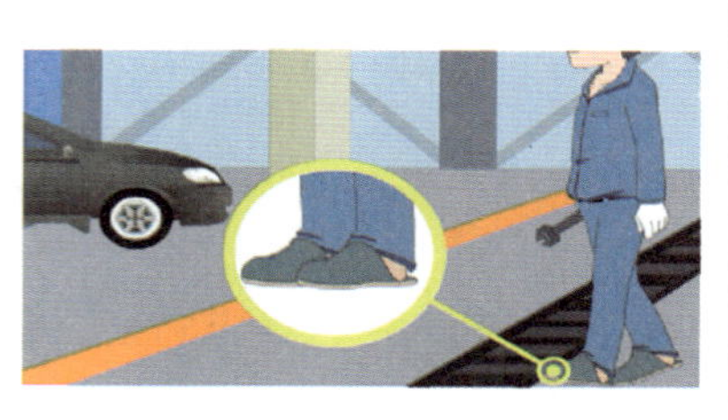

四、任务分配（见表 1-1）

表 1-1 任务分配表

职务	代码	姓名	工作内容
组长	A		
组员	B		
	C		
	D		
	E		

五、任务实施

（一）操作步骤

将表 1-2 中的工作内容进行排序，并填写所需的工具、设备、资料以及相关的注意事项。

表 1-2 操作步骤

步骤	工作内容	工具、设备、资料	注意事项
	打开发动机舱盖并铺设三件套		
	准备工具，并安装防护用具（转向盘套、座椅套、变速杆套和脚垫等）		

续表

步骤	工作内容	工具、设备、资料	注意事项
	举升车辆到四轮离开地面		
	准备 ABS 的自诊断手册，并查询相关操作方法		
	检查蓄电池电压（要求超过 10.5 V）和制动液液位，使用万用表蜂鸣挡测量发动机与变速器的接地连接是否正常		
	检查蓄电池上方 S04、S05 号熔断器的熔丝是否正常		
	断开点火开关电源，连接诊断仪。打开点火开关，对 ABS 进行自诊断检查		
	对 ABS 进行元件测试操作，操作诊断仪		
	检查结束后，清除故障码（首先应读取故障码，然后清除故障码）		
	撤去三件套，关闭发动机舱盖		
	整理工具，打扫场地卫生		

（二）实施记录

结合实施过程，对照表 1–3 中的检查项目内容，勾选或填写出实际的检查结果。

表 1–3　实施记录

序号	项目	测量结果	标准	处理意见
1	蓄电池电压		约 12 V	
2	发动机接地线与蓄电池负极是否导通	导通 □　不导通 □	导通	
3	变速器接地线与蓄电池负极是否导通	导通 □　不导通 □	导通	
4	ABS 故障指示灯是否常亮	是 □　否 □	否	
5	ABS 是否存在故障码	是 □　否 □	否	
6	ABS 故障码读取结果	故障码 1：　故障码 2： 故障码 3：　故障码 4：	—	

六、检查

（一）自检

结合本组任务操作过程，对任务执行过程中的操作规范性进行检查。检查操作过程中是否存在以下问题，分析讨论应如何避免并总结规范的操作方法（见表 1–4）。

表 1-4　自检

检查项目	结果
车辆停放位置是否合适，是否将变速器置于空挡并拉紧驻车制动器	
是否使用三件套对车辆进行防护	
举升机是否按规范操作，是否注意人身安全	
ABS 检测项目是否有漏项	
系统故障是否排除	
工作场地是否清洁，车辆是否复位	

（二）互检

组与组之间相互进行任务操作过程及结果检查，并把检查结果填写在表 1–5 中。

表 1-5　互检

检查项目	结果
车辆停放位置是否合适，是否将变速器置于空挡并拉紧驻车制动器	
是否使用三件套对车辆进行防护	
举升机是否按规范操作，是否注意人身安全	
ABS 检测项目是否有漏项	
系统故障是否排除	
工作场地是否清洁，车辆是否复位	

七、课堂小结

任务二　轮速传感器检查与更换

<table>
<tr><th colspan="7">轮速传感器检查与更换任务工单</th></tr>
<tr><td>客户信息</td><td>姓名</td><td colspan="2"></td><td>职业</td><td colspan="2"></td></tr>
<tr><td rowspan="2">车辆信息</td><td colspan="2">车型</td><td colspan="2">VIN 码</td><td colspan="2">行驶里程</td></tr>
<tr><td colspan="2"></td><td colspan="2"></td><td colspan="2"></td></tr>
<tr><td>客户描述</td><td colspan="6">制动液液位偏低 □　制动器失灵 □　ABS 故障灯常亮 □
制动灯常亮 □　轮速传感器无反馈信号 □　ABS 总泵不工作 □
车辆制动时有异响 □　电子驻车制动系统故障 □　报警灯常亮 □
其他：</td></tr>
<tr><th colspan="3">车辆外观检查</th><th colspan="4">车辆内部检查</th></tr>
<tr><td>凹凸 □</td><td colspan="2" rowspan="4"></td><td>污渍 □</td><td colspan="3" rowspan="4"></td></tr>
<tr><td>划痕 □</td><td>破损 □</td></tr>
<tr><td>石击 □</td><td>色斑 □</td></tr>
<tr><td>油漆 □</td><td>变形 □</td></tr>
<tr><td>明确具体工作任务</td><td colspan="6"></td></tr>
<tr><td>任务目标</td><td colspan="6">● 掌握轮速传感器的作用、分类及工作原理
● 能够检测与更换轮速传感器</td></tr>
<tr><td>任务内容</td><td colspan="6">● 轮速传感器的主要作用
● 轮速传感器的分类
● 轮速传感器的工作原理
● 轮速传感器的检测方法
● 轮速传感器的更换方法</td></tr>
</table>

续表

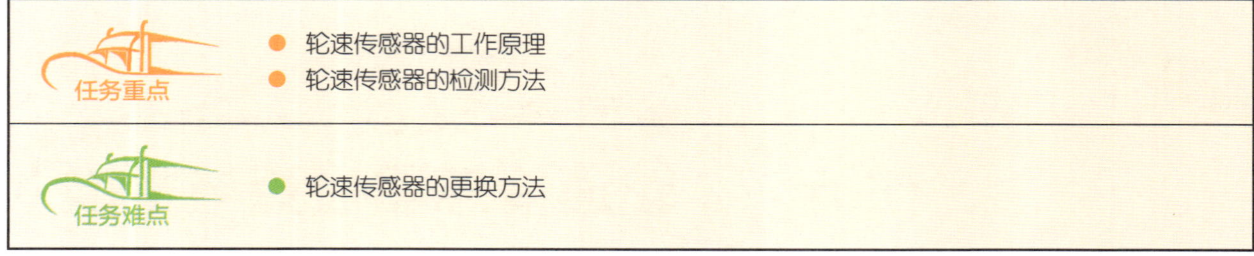

任务重点	● 轮速传感器的工作原理 ● 轮速传感器的检测方法
任务难点	● 轮速传感器的更换方法

一、知识讲解

（一）轮速传感器的主要作用

轮速传感器的主要作用是将车轮的转动速度转化成电信号，主要由传感器和信号靶轮组成。轮速传感器安装在车轮轴承壳体或固定支架上，如图 2–1 所示。

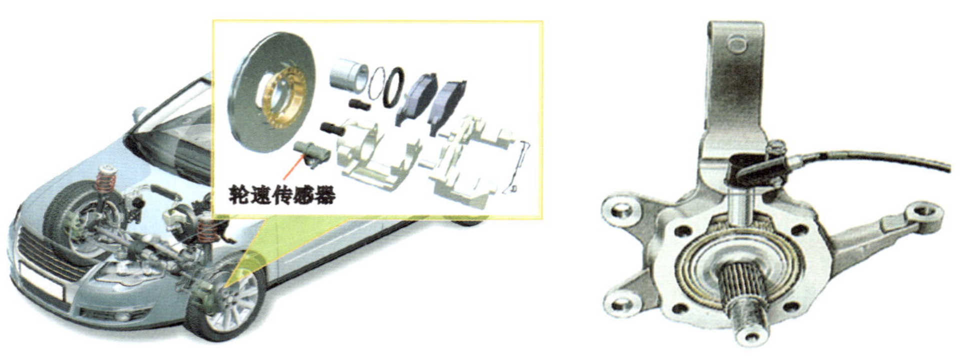

图 2–1　轮速传感器

（二）轮速传感器的分类

轮速传感器根据工作原理不同，可分为电磁式轮速传感器和霍尔式轮速传感器两种，如图 2–2 所示。

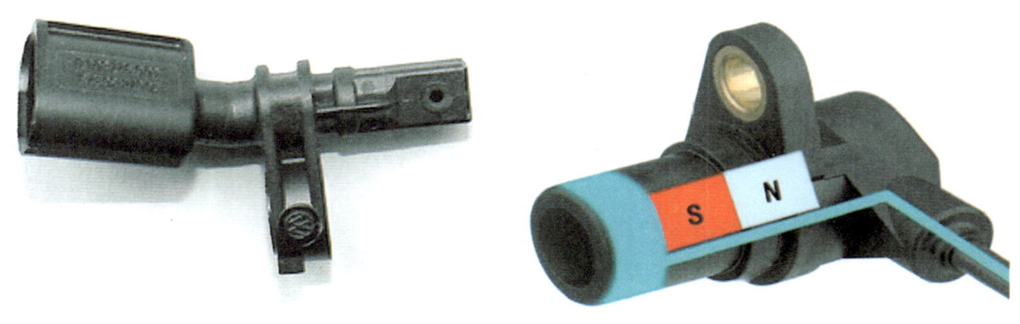

电磁式轮速传感器　　霍尔式轮速传感器

图 2–2　轮速传感器的分类

（三）轮速传感器的工作原理

1. 电磁式轮速传感器的工作原理

电磁式轮速传感器的工作原理如图 2-3 所示。

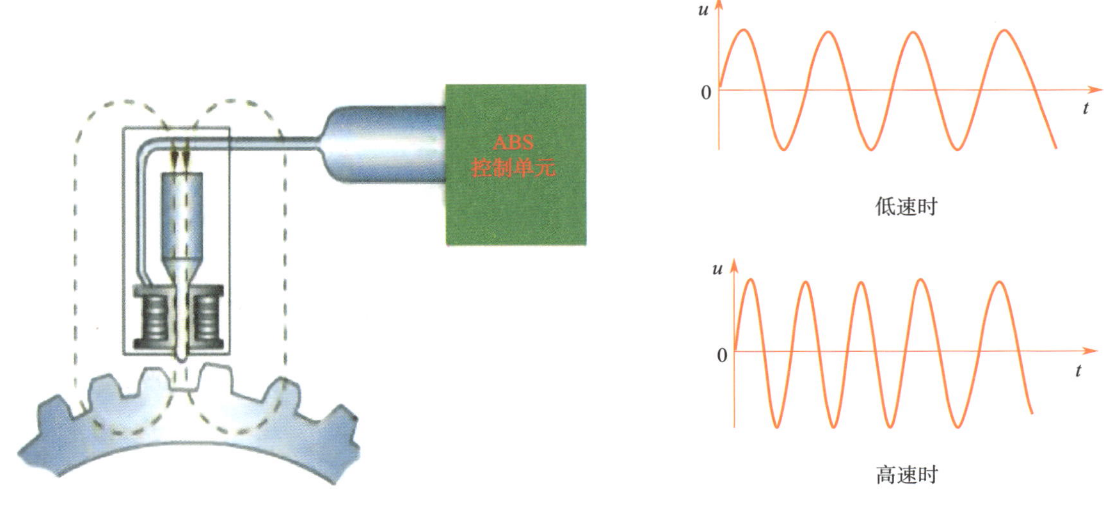

图 2-3 电磁式轮速传感器的工作原理

电磁式轮速传感器主要由永久磁铁和感应线圈组成。当车轮转动时，信号发生器（齿圈）随之转动，信号齿经过传感器时，引起线圈中磁通量发生变化，从而在线圈两端产生交变的信号电压。ABS 控制单元通过监测感应线圈两端的信号电压变化来判断轮速的变化。

电磁式轮速传感器输出信号的幅值是随着车速而变化的。若车速过慢，其输出信号电压低于 1 V，ECU 就无法检测。另外，轮速传感器与齿圈之间的间隙大小也决定了轮速传感器产生的电压信号的强弱，因此，一般电磁式轮速传感器与齿圈之间的间隙应保持在 0.5 ~ 1 mm。

电磁式轮速传感器频率响应不高，抗电磁波干扰能力差，低转速时易受到其他电磁波影响，高转速时由于频率过大，可能会产生错误的信号。

2. 霍尔式轮速传感器的工作原理

霍尔式轮速传感器的信号发生器结构与电磁式轮速传感器的信号发生器结构基本相似。霍尔式轮速传感器主要由永磁体、霍尔元件和电子电路等组成。

霍尔式轮速传感器的工作原理如图 2-4 所示。它利用霍尔效应进行工作，当信号齿经过传感器时，穿过霍尔元件的磁场发生强弱变化，从而引起霍尔元件电压的变化。霍尔元件输出一个毫伏级的正弦波电压信号，此信号由电子电路转化为标准的脉冲电压，输送给 ABS 控制单元。

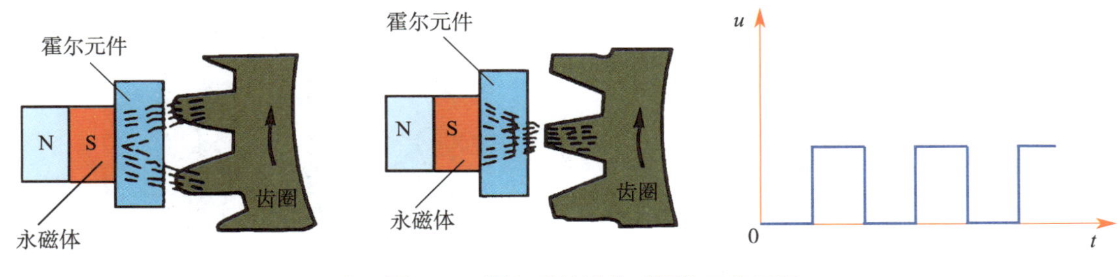

图 2-4 霍尔式轮速传感器的工作原理

（四）轮速传感器的检测方法

当轮速传感器出现故障时，应首先对其外观进行检查，主要检查其安装间隙是否合适，齿圈有无变形、缺齿，以及齿隙有无污物等。还应使用万用表对轮速传感器的阻值和信号电压进行检测。若轮速传感器的阻值和信号电压都正常，再使用诊断仪器检测其数据流，对轮速传感器信号进行动态检查。具体如图 2–5 所示。

轮速传感器外观检查

使用万用表对轮速传感器进行检查

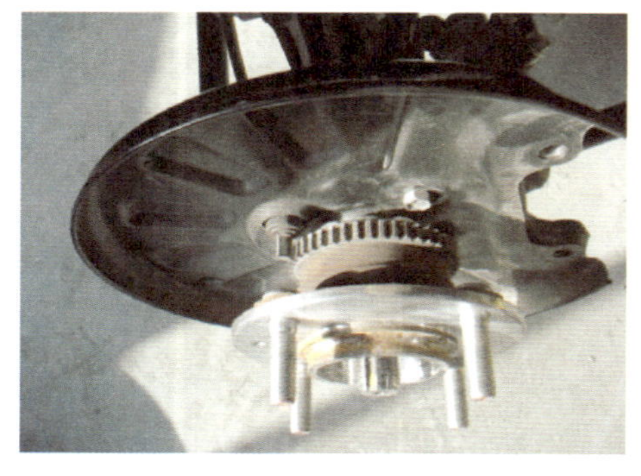

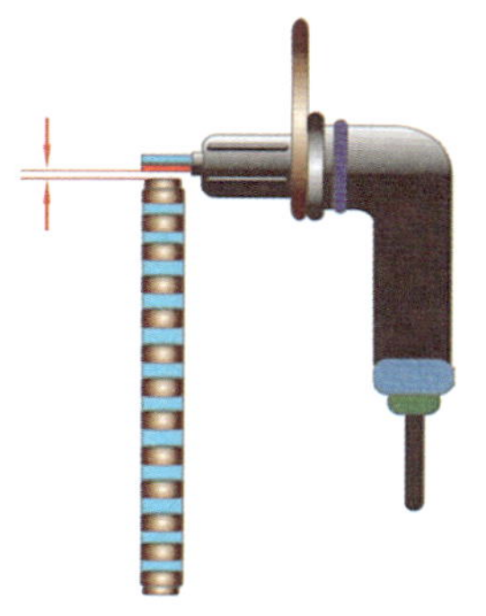

轮速传感器间隙检查

轮速传感器	
轮速，左前	0.00 km/h
轮速，右前	0.00 km/h
轮速，左后	0.00 km/h
轮速，右后	0.00 km/h

用诊断仪器读取轮速传感器的数据流

图 2–5　轮速传感器的检测方法

（五）轮速传感器的更换方法

首先应拔下轮速传感器线束插接器（如果轮速传感器本身有很长的线束，应顺着线束找到插接器所在的位置，然后将其拔下），如图 2–6 所示，再拧下固定螺栓，取出损坏的轮速传感器。安装方法按逆序进行。

顺着轮速传感器线束找到插接器所在的位置

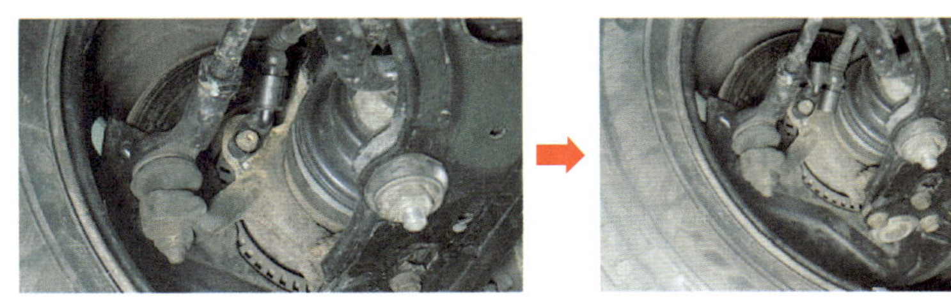

拔下轮速传感器线束插接器

图 2-6 拔下轮速传感器线束插接器的方法

二、任务准备

在下列图片中勾选出完成本任务所需的工具、设备、资料等。

扭力扳手	手锯	三件套	吹尘枪
诊断仪	工具车	工具套件	油液回收工具
带磁力表座的百分表	抹布	拉力器	手电筒

举升机	转向助力油	维修手册	轮速传感器	实训整车

三、防护措施

1. 进入车间应穿工鞋、戴工帽；工作服应穿戴整齐，不裸露皮肤；操作时不可佩戴手表等金属饰品，以防划伤车辆表面。

2. 举升车辆时应严格按照举升机的使用方法进行操作，并通知其他学员远离举升设备。

3. 更换油液或配件时应进行油液和配件的回收清理工作，以免对工作环境造成污染。

识别下列三幅车间操作图片，勾选出操作正确的图片。

	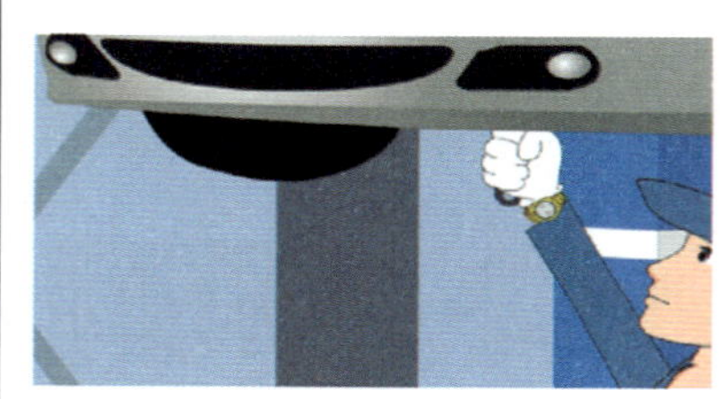	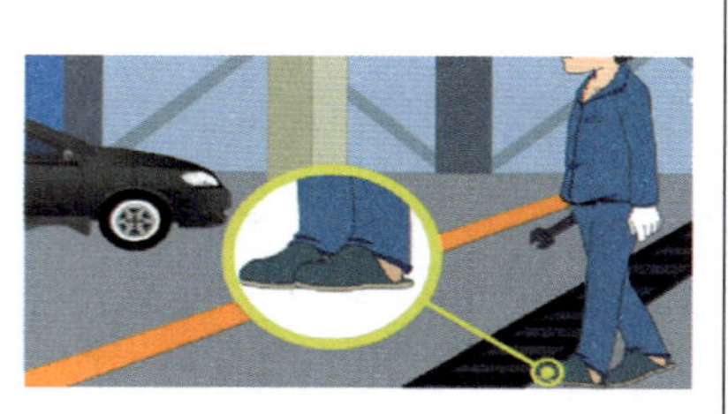

四、任务分配（见表 2-1）

表 2-1　任务分配表

职务	代码	姓名	工作内容
组长	A		
组员	B		
	C		
	D		
	E		

五、任务实施

（一）操作步骤

将表 2-2 中的工作内容进行排序，并填写所需的工具、设备、资料以及相关的注意事项。

表 2-2　操作步骤

步骤	工作内容	工具、设备、资料	注意事项
	准备工具，并安装防护用具（转向盘套、座椅套、变速杆套和脚垫等）		
2	举升车辆到四轮离开地面		

续表

步骤	工作内容	工具、设备、资料	注意事项
	拆卸轮胎，断开并拔下前轮轮速传感器，测量前轮轮速传感器电阻并记录		
	连接轮速传感器线束插接器并安装轮胎		
	取下后排座椅垫，断开后轮轮速传感器线束插接器		
	将车辆举升至合适的高度，并断开熔断器，拆卸轮速传感器线束塑料护板和固定螺栓，取下轮速传感器及线束		
7	测量后轮轮速传感器电阻并记录		
	安装并固定后轮轮速传感器及线束塑料护板		
	撤去三件套		
	整理工具，打扫场地卫生		

（二）实施记录

结合实施过程，对照表 2–3 中的检查项目内容，填写出实际的检查结果。

表 2–3　实施记录

序号	项目	测量结果	标准	处理意见
1	左前轮轮速传感器电阻		1.3～2 kΩ	
2	右前轮轮速传感器电阻		1.3～2 kΩ	
3	左后轮轮速传感器电阻		1.3～2 kΩ	
4	右后轮轮速传感器电阻		1.3～2 kΩ	

六、检查

（一）自检

结合本组任务操作过程，对任务执行过程中的操作规范性进行检查，检查操作过程中是否存在以下问题，分析讨论应如何避免并总结规范的操作方法（见表 2–4）。

表 2–4　自检

检查项目	结果
车辆停放位置是否合适，是否将变速器置于空挡并拉紧驻车制动器	
是否使用三件套对车辆进行防护	
举升机是否按规范操作，是否注意人身安全	
轮速传感器检测项目是否有漏项	
轮速传感器故障是否排除	
工作场地是否清洁，车辆是否复位	

（二）互检

组与组之间相互进行任务操作过程及结果检查，并把检查结果填写在表 2-5 中。

表 2-5　互检

检查项目	结果
车辆停放位置是否合适，是否将变速器置于空挡并拉紧驻车制动器	
是否使用三件套对车辆进行防护	
举升机是否按规范操作，是否注意人身安全	
轮速传感器检测项目是否有漏项	
轮速传感器故障是否排除	
工作场地是否清洁，车辆是否复位	

七、课堂小结

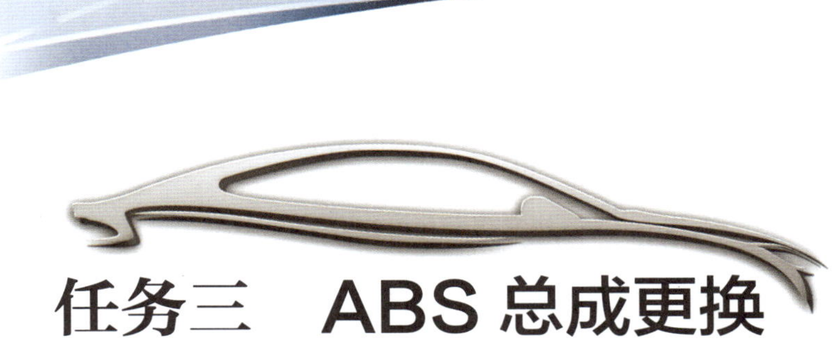

任务三　ABS 总成更换

ABS 总成更换任务工单					
客户信息	姓名		职业		
车辆信息	车型	VIN 码	行驶里程		
客户描述	制动液液位偏低 □ 制动灯常亮 □ 车辆制动时有异响 □ 其他：	制动器失灵 □ 轮速传感器无反馈信号 □ 电子驻车制动系统故障 □	ABS 故障灯常亮 □ ABS 总泵不工作 □ 报警灯常亮 □		
车辆外观检查			车辆内部检查		
凹凸 □ 划痕 □ 石击 □ 油漆 □			污渍 □ 破损 □ 色斑 □ 变形 □		
明确具体工作任务					

任务目标

- 能够对 ABS 控制单元进行更换
- 能够进行 ABS 控制单元编码

任务内容

- ABS 控制单元更换
- ABS 控制单元编码

续表

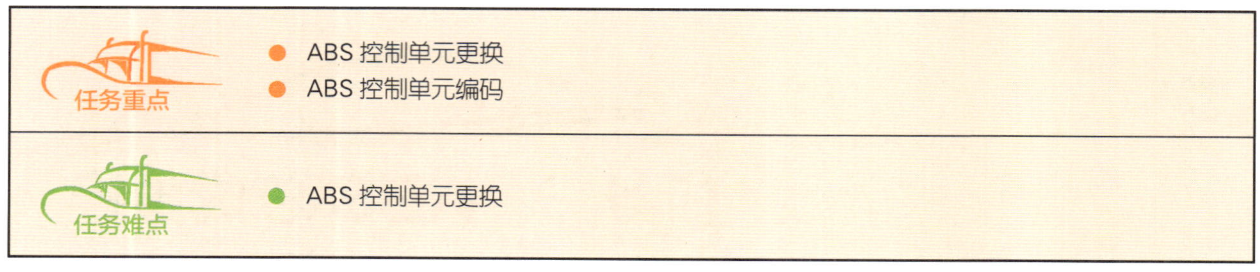

任务重点	● ABS 控制单元更换 ● ABS 控制单元编码
任务难点	● ABS 控制单元更换

一、知识讲解

（一）ABS 控制单元更换

由于 ABS 控制单元与其液压控制系统集成在一起，因此，当 ABS 控制单元或某个执行元件损坏时，都应更换 ABS 总成。

更换 ABS 总成的步骤为：

1. 使用制动液抽油机将制动液储液壶中的油液抽取干净。
2. 使用诊断仪读取 ABS 控制单元编码，并记录。
3. 使用梅花扳手拆下 ABS 所有的连接油管（注意做标记，安装时不可装错）。
4. 拆下 ABS 总成，并安装新的 ABS 总成。
5. 对新换 ABS 总成进行控制单元编码，并进行液压系统排气。

具体如图 3-1 所示。

抽出制动液

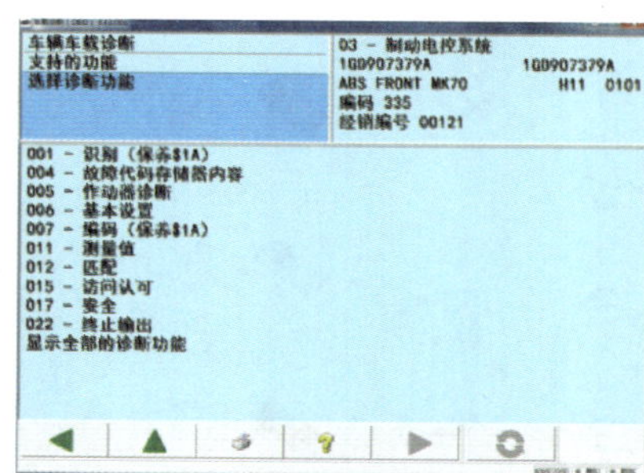

查看控制单元编码

拆下油管

更换新的 ABS 总成

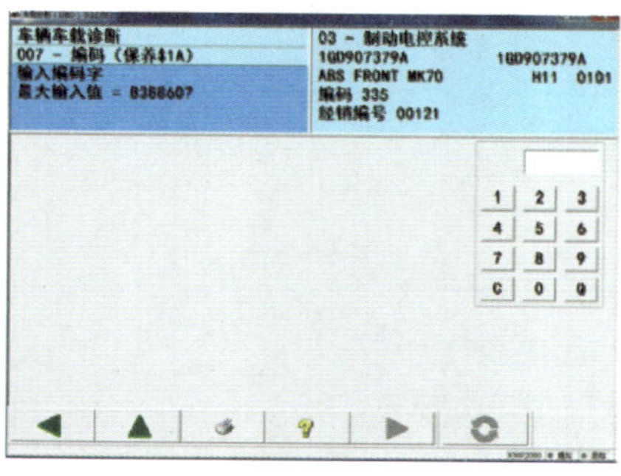

输入编码

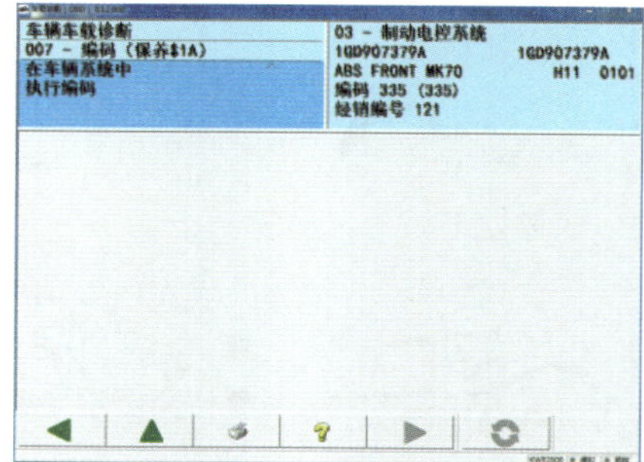

输入编码完毕

图 3-1 更换 ABS 总成的步骤

（二）ABS 控制单元编码

每一个控制单元中都存储着不同的工作程序，控制单元编码是指定其中一种工作程序进行工作的“口令”。控制单元编码根据车型、发动机类型、变速器类型等条件确定。

二、任务准备

在下列图片中勾选出完成本任务所需的工具、设备、资料等。

扭力扳手	制动液抽油机	三件套	吹尘枪
诊断仪	工具车	工具套件	油液回收工具
梅花扳手	抹布	拉力器	手电筒

举升机	制动液	维修手册	ABS 总成	实训整车

三、防护措施

1. 进入车间应穿工鞋、戴工帽；工作服应穿戴整齐，不裸露皮肤；操作时不可佩戴手表等金属饰品，以防划伤车辆表面。

2. 举升车辆时应严格按照举升机的使用方法进行操作，并通知其他学员远离举升设备。

3. 更换油液或配件时应进行油液和配件的回收清理工作，以免对工作环境造成污染。

识别下列三幅车间操作图片，勾选出操作正确的图片。

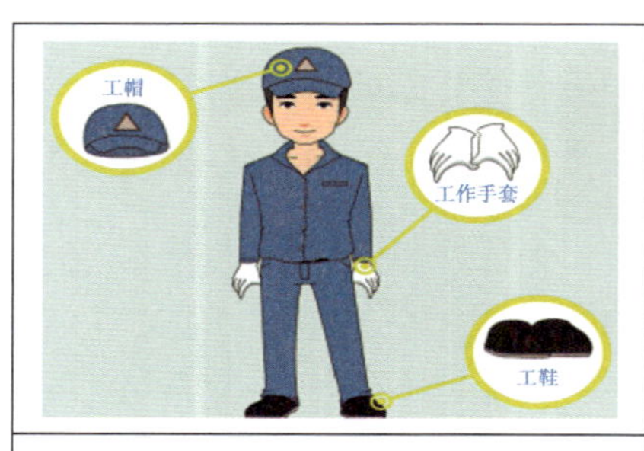

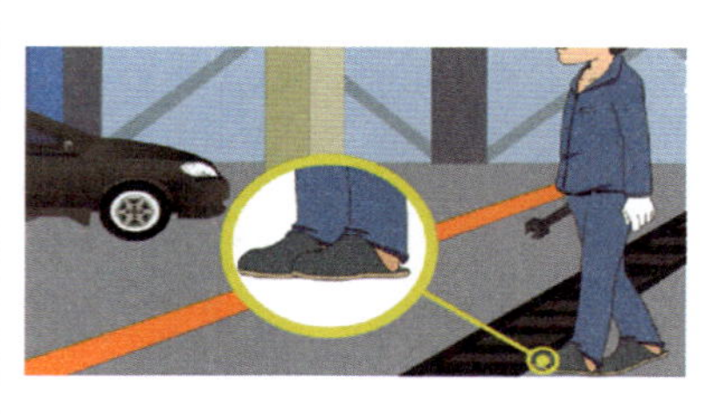

四、任务分配（见表 3-1）

表 3-1　任务分配表

职务	代码	姓名	工作内容
组长	A		
组员	B		
	C		
	D		
	E		

五、任务实施

（一）操作步骤

将表 3-2 中的工作内容进行排序，并填写所需的工具、设备、资料以及相关的注意事项。

表 3-2　操作步骤

步骤	工作内容	工具、设备、资料	注意事项
	打开发动机舱盖并铺设三件套		
	准备工具，并安装防护用具（转向盘套、座椅套、变速杆套和脚垫等）		

续表

步骤	工作内容	工具、设备、资料	注意事项
	拆卸 ABS 泵与支架的连接螺栓		
	断开 ABS 控制单元插接器连接卡箍并取下插接器		
	撤去三件套，关闭发动机舱盖		
	拆卸 ABS 支架上的固定螺栓，并取出支架		
	使用制动液抽油机将制动液储液壶中的油液抽取干净		
	安装新的 ABS 总成，并对 ABS 进行排气		
	拆卸两根总泵油管和四根分泵油管		
	整理工具，打扫场地卫生		

（二）实施记录

结合实施过程，对照表 3–3 中的检查项目内容，填写出实际的检查结果。

表 3–3 实施记录

序号	项目	所需工具	备注
1	拆装总泵油管		
2	拆装分泵油管		
3	拆装 ABS 支架固定螺栓		
4	拆装 ABS 泵与支架的连接螺栓		

六、检查

（一）自检

结合本组任务操作过程，对任务执行过程中的操作规范性进行检查，检查操作过程中是否存在以下问题，分析讨论应如何避免并总结规范的操作方法（见表 3–4）。

表 3–4 自检

检查项目	结果
车辆停放位置是否合适，是否将变速器置于空挡并拉紧驻车制动器	
是否使用三件套对车辆进行防护	
举升机是否按规范操作，是否注意人身安全	
ABS 总成检测项目是否有漏项	
系统故障是否排除	
工作场地是否清洁，车辆是否复位	

（二）互检

组与组之间相互进行任务操作过程及结果检查，并把检查结果填写在表 3–5 中。

表 3–5　互检

检查项目	结果
车辆停放位置是否合适，是否将变速器置于空挡并拉紧驻车制动器	
是否使用三件套对车辆进行防护	
举升机是否按规范操作，是否注意人身安全	
ABS 总成检测项目是否有漏项	
系统故障是否排除	
工作场地是否清洁，车辆是否复位	

七、课堂小结

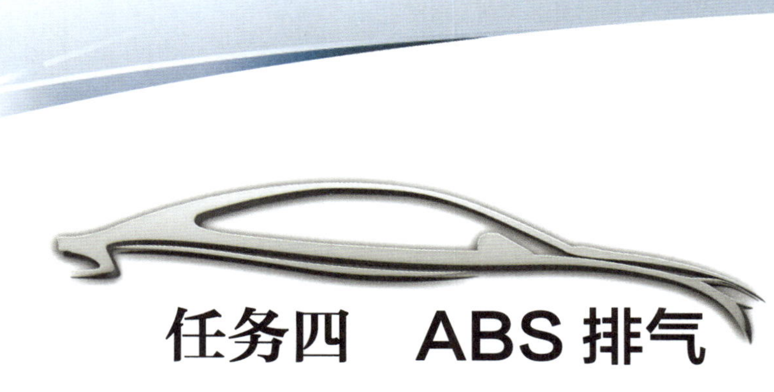

任务四　ABS 排气

<table>
<tr><th colspan="6">ABS 排气任务工单</th></tr>
<tr><td>客户信息</td><td>姓名</td><td></td><td>职业</td><td colspan="2"></td></tr>
<tr><td rowspan="2">车辆信息</td><td colspan="2">车型</td><td colspan="2">VIN 码</td><td>行驶里程</td></tr>
<tr><td colspan="2"></td><td colspan="2"></td><td></td></tr>
<tr><td>客户描述</td><td colspan="5">制动液液位偏低 □　制动器失灵 □　ABS 故障灯常亮 □
制动灯常亮 □　轮速传感器无反馈信号 □　ABS 总泵不工作 □
车辆制动时有异响 □　电子驻车制动系统故障 □　报警灯常亮 □
其他：</td></tr>
<tr><th colspan="3">车辆外观检查</th><th colspan="3">车辆内部检查</th></tr>
<tr><td>凹凸 □
划痕 □
石击 □
油漆 □</td><td colspan="2"></td><td>污渍 □
破损 □
色斑 □
变形 □</td><td colspan="2"></td></tr>
<tr><td>明确具体工作任务</td><td colspan="5"></td></tr>
<tr><td>任务目标</td><td colspan="5">● 掌握对液压系统进行排气的原因
● 掌握 ABS 的排气步骤
● 能够对液压系统进行排气</td></tr>
<tr><td>任务内容</td><td colspan="5">● 对液压系统进行排气的原因
● ABS 的排气步骤</td></tr>
</table>

续表

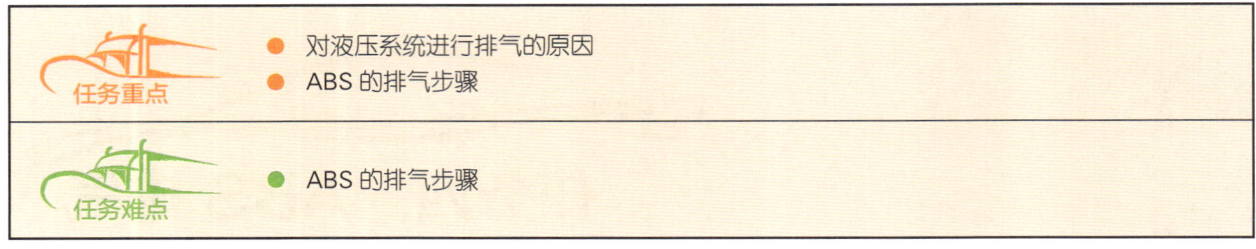

任务重点	● 对液压系统进行排气的原因 ● ABS 的排气步骤
任务难点	● ABS 的排气步骤

一、知识讲解

（一）对液压系统进行排气的原因

更换新的 ABS 总成后，若只是进行常规制动排气，ABS 不工作时，制动总泵中的制动液经液压控制系统中的常开进油电磁阀到达各个分泵，这并不会影响制动系统。但新的液压控制单元中的常闭出油电磁阀与液压泵之间的油路以及蓄压器中并无制动液，且存在一定量的空气，ABS 在工作时，这些空气会导致液压系统的液压控制存在一定的滞后现象，从而影响 ABS 对车轮滑移率的控制精度。因此，必须对 ABS 总成液压控制系统内部进行排气，才能保证制动系统的正常使用，如图 4-1 所示。

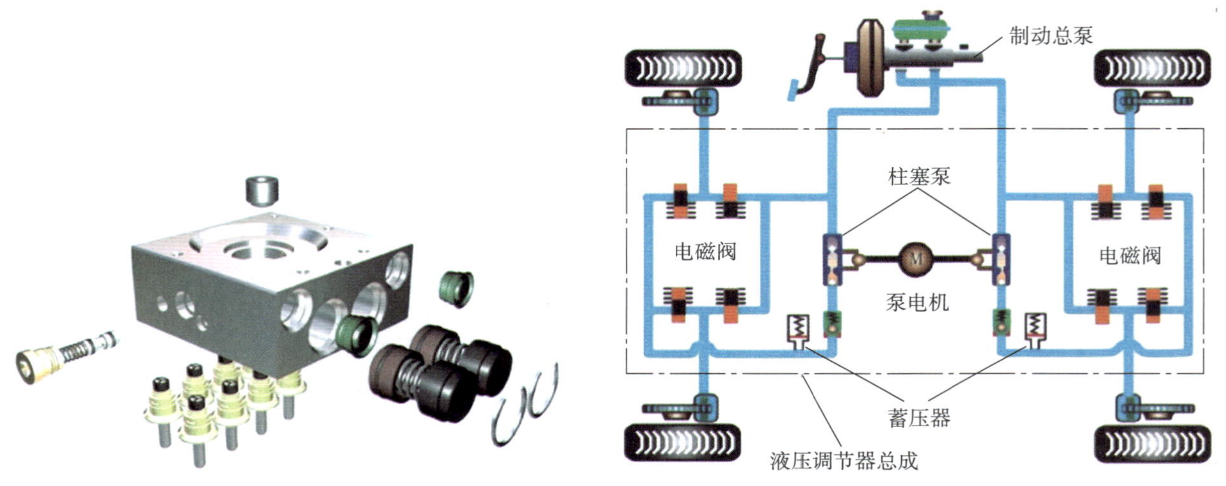

图 4-1　ABS 液压系统原理图

（二）ABS 的排气步骤

1. 保证蓄电池的电压不低于 11.5 V。
2. 拧开制动液储液壶盖，将制动液加满。
3. 对制动系统进行常规放气。
4. 连接诊断仪并进入“03- 制动防抱死系统”。
5. 选择功能“04- 基本设定”，输入通道号 001。
6. 根据屏幕提示进行操作，直到显示“排气结束”。

二、任务准备

在下列图片中勾选出完成本任务所需的工具、设备、资料等。

 扭力扳手	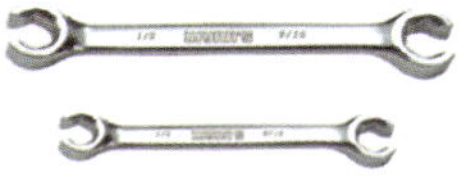 梅花扳手	 三件套	 吹尘枪
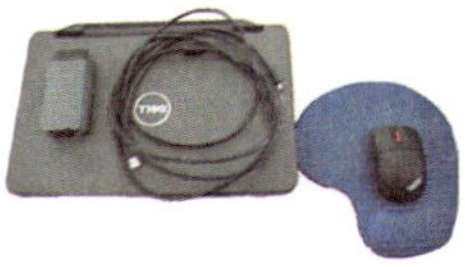 诊断仪	 工具车	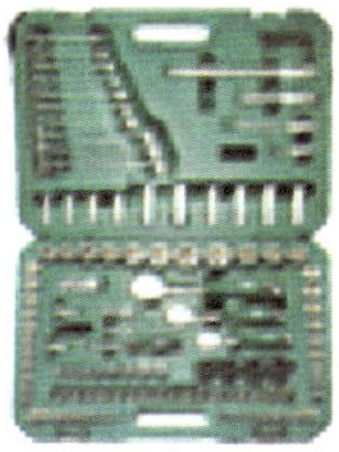 工具套件	 油液回收工具
 带磁力表座的百分表	抹布	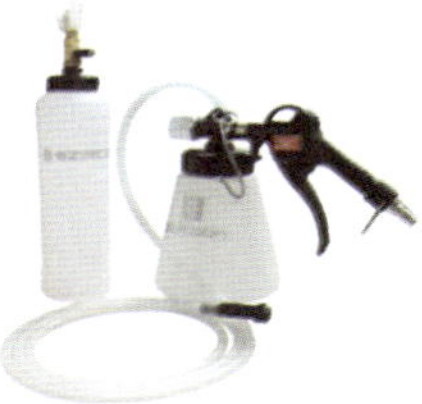 制动液抽油机	 手电筒

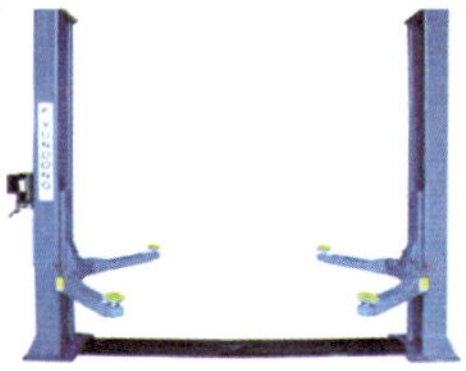 举升机	 制动液	 维修手册	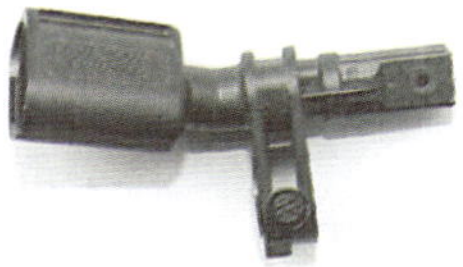 轮速传感器	 实训整车

三、防护措施

1. 进入车间应穿工鞋、戴工帽；工作服应穿戴整齐，不裸露皮肤；操作时不可佩戴手表等金属饰品，以防划伤车辆表面。

2. 举升车辆时应严格按照举升机的使用方法进行操作，并通知其他学员远离举升设备。

3. 更换油液或配件时应进行油液和配件的回收清理工作，以免对工作环境造成污染。

识别下列三幅车间操作图片，勾选出操作正确的图片。

		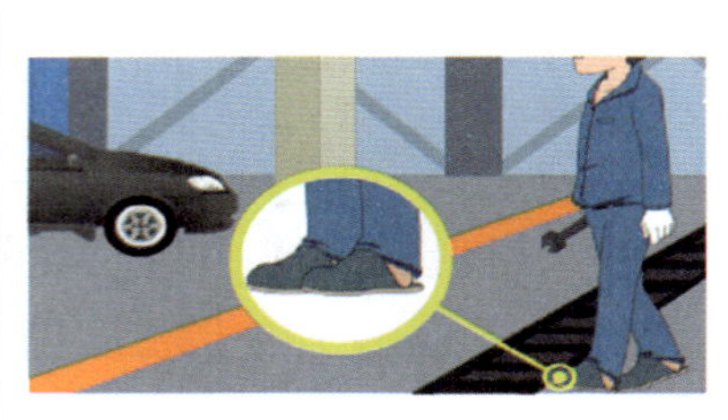

四、任务分配（见表 4-1）

表 4-1　任务分配表

职务	代码	姓名	工作内容
组长	A		
组员	B		
	C		
	D		
	E		

五、任务实施

（一）操作步骤

将表 4–2 中的工作内容进行排序，并填写所需的工具、设备、资料以及相关的注意事项。

表 4–2　操作步骤

步骤	工作内容	工具、设备、资料	注意事项
	打开发动机舱盖并铺设三件套		
	打开制动液储液壶盖，将制动液加注至上限位置。拆卸熔丝盒盖，连接诊断仪并打开点火开关，一人在车内操作车辆及诊断仪，一人在车外操作并举升车辆至合适的高度，然后锁定保险		
	取下右后轮制动分泵放气螺栓上的防尘帽，将梅花扳手装在放气螺栓上，然后将制动液储液壶的透明胶管接到制动分泵的放气螺栓上。车内人员踩下制动踏板，反复几次后踩住不动，此时车外人员使用梅花扳手松开放气螺栓，将制动液排放到储液壶中，然后锁紧螺栓		

续表

步骤	工作内容	工具、设备、资料	注意事项
	连接诊断仪，选择“自诊断”，输入车辆信息，进入“03- 制动防抱死系统”，选择“04- 基本设定”，输入通道号 001。根据诊断仪提示，车内与车外人员同时进行操作		
5	重复上述步骤，直至观察到有新的制动液流出，并且无气泡产生。取下放气螺栓上的油管及扳手，装上防尘帽		
	排气结束后，盖上制动液储液壶盖		
	撤去三件套，关闭发动机舱盖		
	检查 ABS 泵油管和各分泵放气螺栓是否存在泄漏		
9	整理工具，打扫场地卫生		

（二）实施记录

结合实施过程，对照表 4–3 中的检查项目内容，勾选或填写出实际的检查结果。

表 4–3 实施记录

序号	项目	测量结果	标准	处理意见
1	蓄电池电压		约 12 V	
2	发动机接地线与蓄电池负极是否导通	导通 □ 不导通 □	导通	
3	变速器接地线与蓄电池负极是否导通	导通 □ 不导通 □	导通	
4	检查 ABS 泄漏情况	泄漏 □ 无泄漏 □	—	
5	诊断仪显示区显示内容			无故障码： 有故障码：

六、检查

（一）自检

结合本组任务操作过程，对任务执行过程中的操作规范性进行检查，检查操作过程中是否存在以下问题，分析讨论应如何避免并总结规范的操作方法（见表 4–4）。

表 4–4 自检

检查项目	结果
车辆停放位置是否合适，是否将变速器置于空挡并拉紧驻车制动器	
是否使用三件套对车辆进行防护	
举升机是否按规范操作，是否注意人身安全	

续表

检查项目	结果
ABS 排气检测项目是否有漏项	
系统故障是否排除	
工作场地是否清洁，车辆是否复位	

（二）互检

组与组之间相互进行任务操作过程及结果检查，并把检查结果填写在表 4-5 中。

表 4-5　互检

检查项目	结果
车辆停放位置是否合适，是否将变速器置于空挡并拉紧驻车制动器	
是否使用三件套对车辆进行防护	
举升机是否按规范操作，是否注意人身安全	
ABS 排气检测项目是否有漏项	
系统故障是否排除	
工作场地是否清洁，车辆是否复位	

七、课堂小结

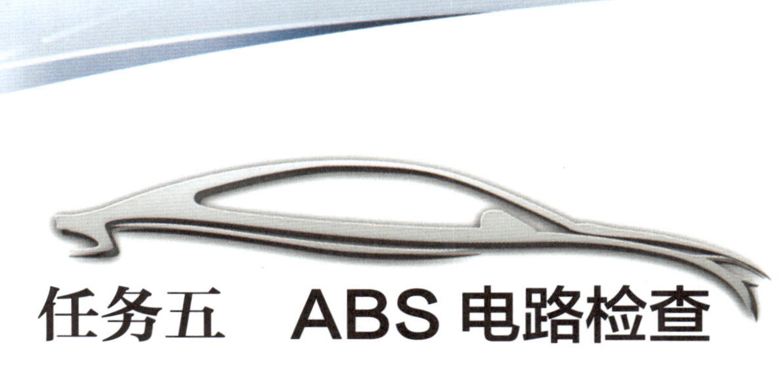

任务五　ABS 电路检查

<table>
<tr><th colspan="6">ABS 电路检查任务工单</th></tr>
<tr><td>客户信息</td><td>姓名</td><td colspan="2"></td><td>职业</td><td></td></tr>
<tr><td rowspan="2">车辆信息</td><td colspan="2">车型</td><td colspan="2">VIN 码</td><td>行驶里程</td></tr>
<tr><td colspan="2"></td><td colspan="2"></td><td></td></tr>
<tr><td>客户描述</td><td colspan="5">制动液液位偏低 □　制动器失灵 □　ABS 故障灯常亮 □
制动灯常亮 □　轮速传感器无反馈信号 □　ABS 总泵不工作 □
车辆制动时有异响 □　电子驻车制动系统故障 □　报警灯常亮 □
其他：</td></tr>
<tr><th colspan="3">车辆外观检查</th><th colspan="3">车辆内部检查</th></tr>
<tr><td>凹凸 □</td><td colspan="2" rowspan="4"></td><td>污渍 □</td><td colspan="2" rowspan="4"></td></tr>
<tr><td>划痕 □</td><td>破损 □</td></tr>
<tr><td>石击 □</td><td>色斑 □</td></tr>
<tr><td>油漆 □</td><td>变形 □</td></tr>
<tr><td>明确具体工作任务</td><td colspan="5"></td></tr>
<tr><td>任务目标</td><td colspan="5">● 熟悉 ABS 电路的组成
● 能够检修电源电路
● 能够检修传感器电路</td></tr>
<tr><td>任务内容</td><td colspan="5">● ABS 电路的组成
● 电源电路及其故障检修
● 传感器电路及其故障检修</td></tr>
</table>

续表

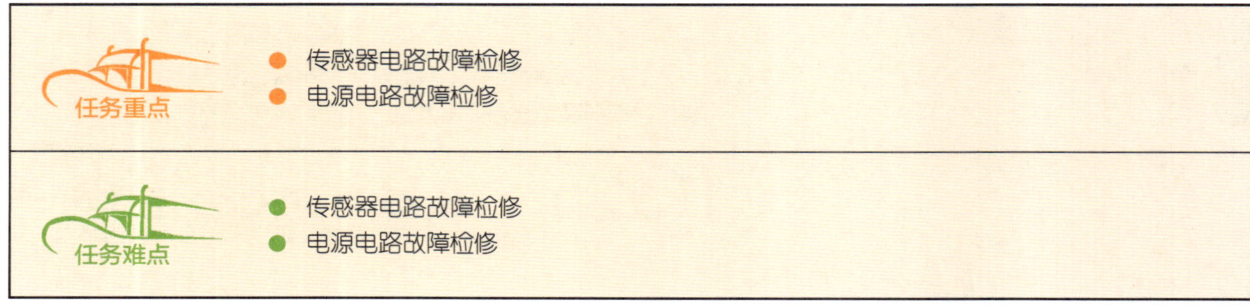

任务重点	● 传感器电路故障检修 ● 电源电路故障检修
任务难点	● 传感器电路故障检修 ● 电源电路故障检修

一、知识讲解

（一）ABS 电路的组成

ABS 的执行元件通常与 ABS 控制单元（图 5-1）集成在一起，因此，ABS 电路主要包括液压控制系统电路、电源电路和传感器电路等。

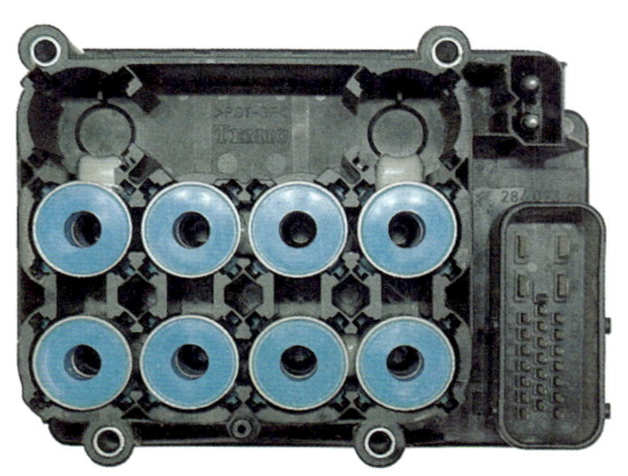

图 5-1　ABS 控制单元

ABS 液压控制系统电路原理图如图 5-2 所示。

（二）电源电路

1. 电源电路的作用

任何用电器件与控制单元的工作都离不开工作电源，ABS 的工作电源比较简单，主要由两个长供电电源、一个点火开关控制的工作信号电源和一个搭铁点组成。其中任何一根电源线或搭铁线出现短路、断路都可能影响 ABS 工作，使其工作不正常或退出工作。

2. 电源电路故障检修

若电源电路出现故障，会导致 ABS 无法工作，且无法使用诊断设备进入 ABS 内部进行检查。此时，应重点检查 ABS 的相关电源线和搭铁线是否出现故障，具体方法如下：

（1）关闭点火开关，断开蓄电池负极连接线，并拔下 ABS 控制单元插头。

（2）接上蓄电池负极连接线，使用万用表检测 ABS 控制单元插头的 1 号和 14 号端子有无电源电压，若无电源电压，则应检查相应的线路。

（3）打开点火开关，使用万用表检测 ABS 控制单元插头的 20 号端子有无电源电压，若无电源电压，则应检查相应的熔断器或线路。

（4）使用万用表检测 ABS 控制单元插头的 26 号搭铁端子与车架之间的阻值，应不大于 0.5 Ω，否则说明电路中存在断路。

（5）关闭点火开关，断开蓄电池负极连接线，使用万用表检测 ABS 控制单元插头的电源端子与其他端子有无阻值，正常应为∞，否则说明电路中存在短路。

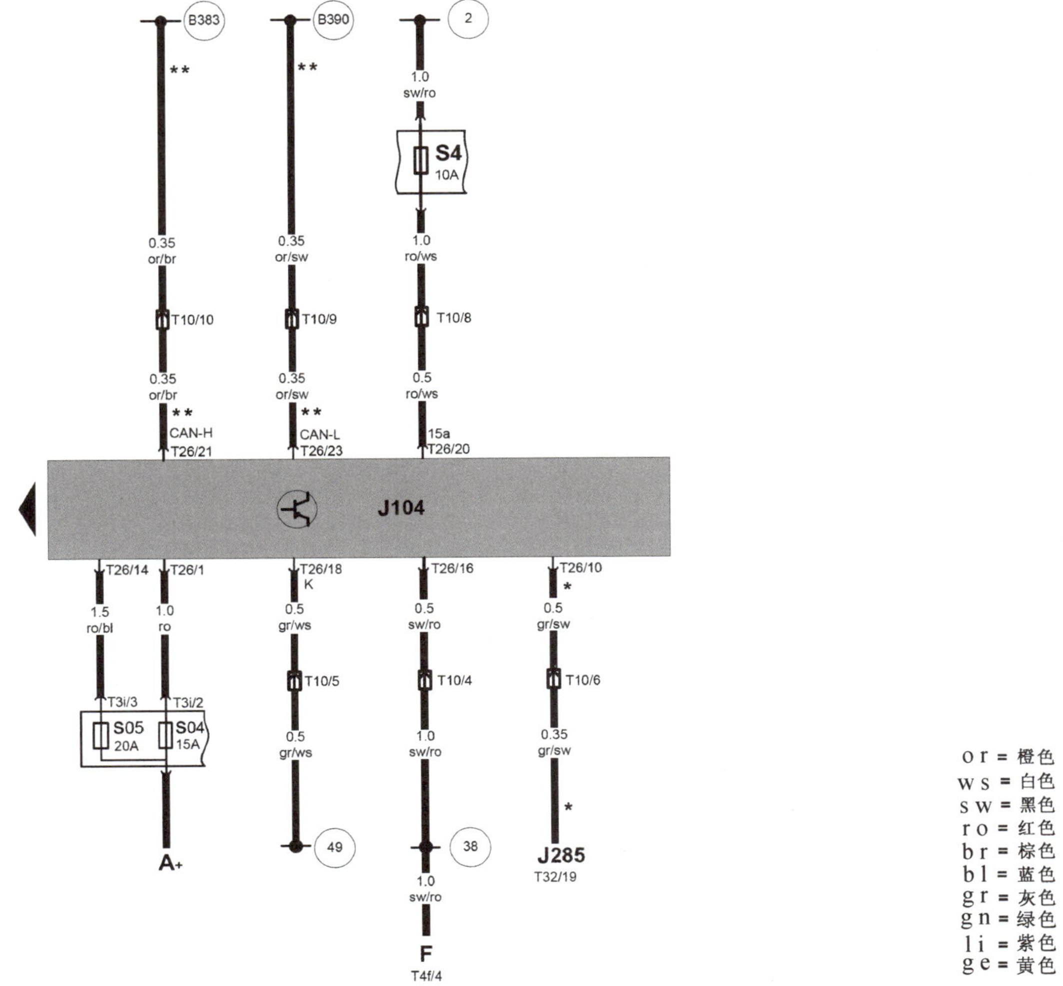

图 5-2　ABS 液压控制系统电路原理图

注：* 表示仅限于装备 1.9 L 柴油发动机的车辆，** 表示仅限于装备 1.6 L 汽油发动机的车辆。

（三）传感器电路

1. 传感器电路原理图

ABS 的传感器很少，只有四个轮速传感器和一个制动开关，除此之外，还有用于与其他控制单元进行信息交互和诊断使用的 K 线或 CAN 线。需要说明的是，无论是 K 线还是 CAN 线，都是车辆上所有控制单元之间进行信息交互传递和方便诊断设备对 ABS 控制单元内部进行检测的导线，类似于它们之间“通话”的“电话线”。唯一不同的是 K 线传输采用一根线，而 CAN 线传输则采用两根线。

如果通信导线出现故障，则可能导致仪表的故障指示灯处于常亮状态，无法熄灭，因为仪表控制单元收不到 ABS 控制单元传递过来的“熄灭故障指示灯”的信号信息。

传感器电路原理图如图 5-3 所示。

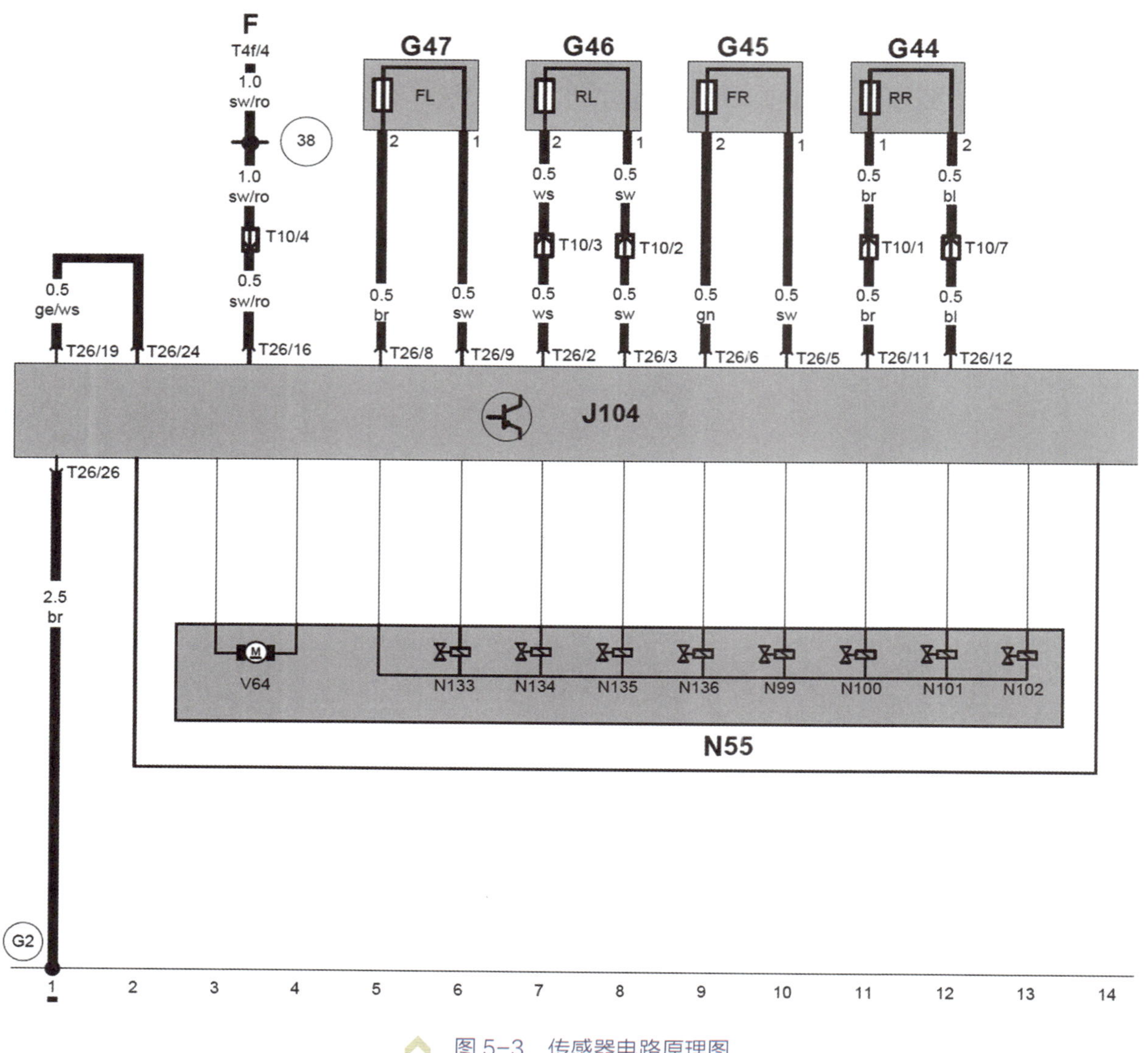

图 5-3 传感器电路原理图

2. 传感器电路故障检修

由于 ABS 只有四个轮速传感器和一个制动开关，因此，其控制电路也很简单。当某个轮速传感器出现短路或断路故障时，只需要对 ABS 四个轮速传感器的八条线路分别进行检查即可。另外还应特别注意 ABS 通信线路的检查，主要检查 ABS 通信线路与仪表控制单元之间是否导通，以及通信线路与电源正极或负极之间是否存在短路。

二、任务准备

在下列图片中勾选出完成本任务所需的工具、设备、资料等。

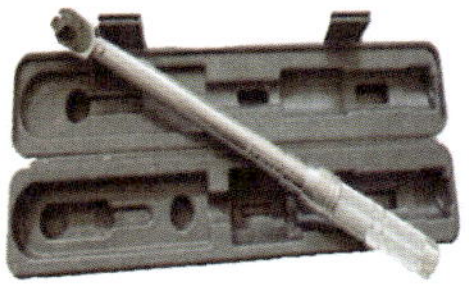 扭力扳手	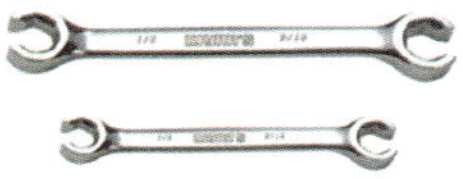 梅花扳手	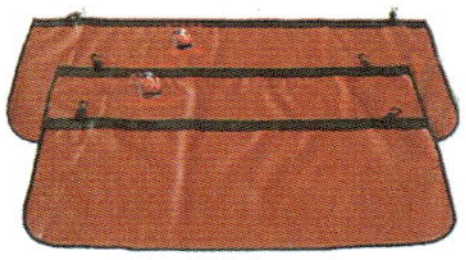 三件套	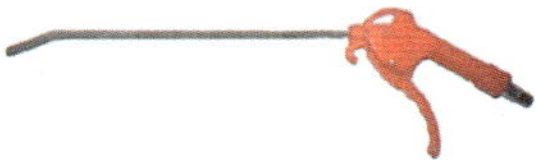 吹尘枪
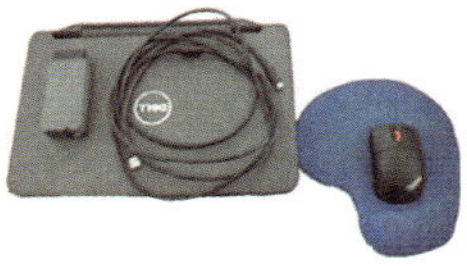 诊断仪	 工具车	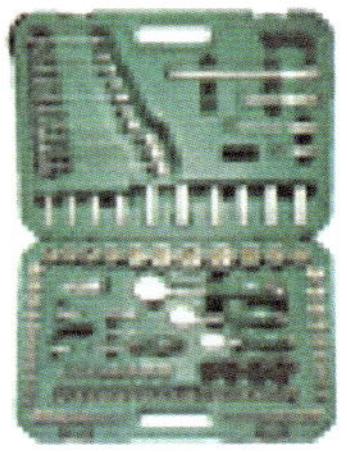 工具套件	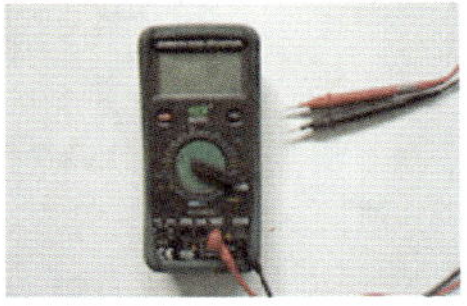 万用表
 带磁力表座的百分表	 抹布	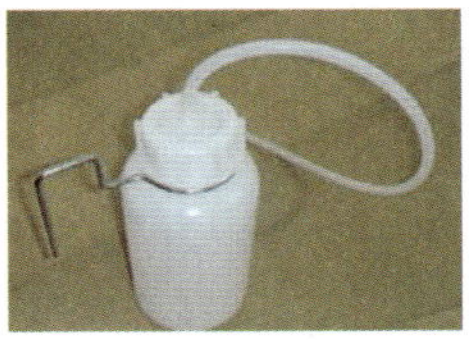 制动液收集瓶	 手电筒

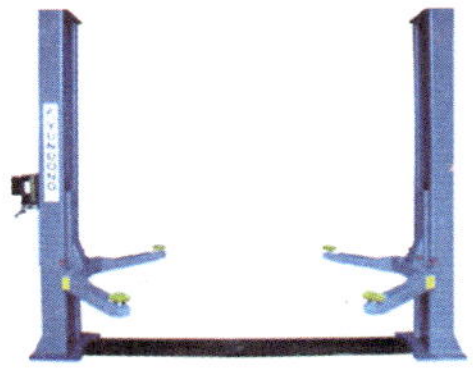 举升机	 转向助力油	 维修手册	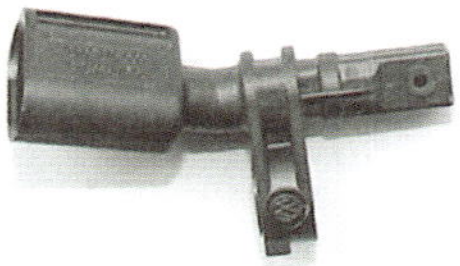 轮速传感器	 实训整车

三、防护措施

1. 进入车间应穿工鞋、戴工帽；工作服应穿戴整齐，不裸露皮肤；操作时不可佩戴手表等金属饰品，以防划伤车辆表面。

2. 举升车辆时应严格按照举升机的使用方法进行操作，并通知其他学员远离举升设备。

3. 更换油液或配件时应进行油液和配件的回收清理工作，以免对工作环境造成污染。

识别下列三幅车间操作图片，勾选出操作正确的图片。

	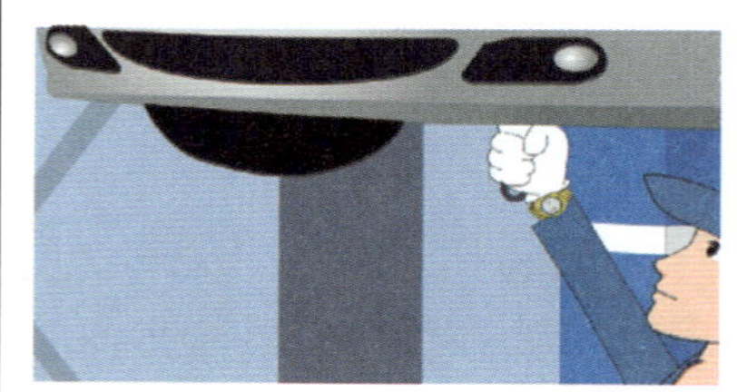	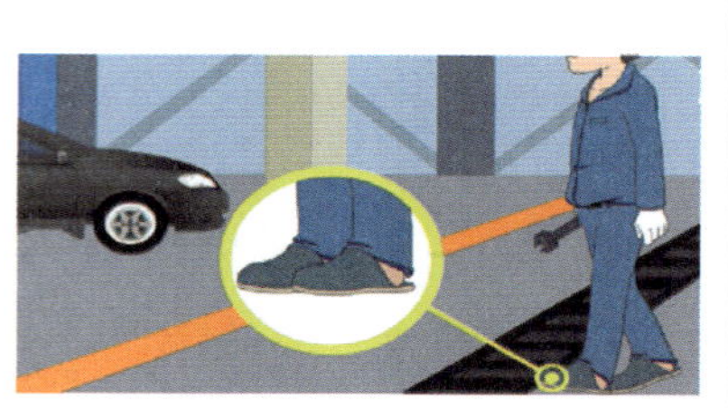

四、任务分配（见表 5-1）

表 5-1　任务分配表

职务	代码	姓名	工作内容
组长	A		
组员	B		
	C		
	D		
	E		

五、任务实施

（一）操作步骤

将表 5-2 中的工作内容进行排序，并填写所需的工具、设备、资料以及相关的注意事项。

表 5-2　操作步骤

步骤	工作内容	工具、设备、资料	注意事项
	将车辆驶入举升器，变速器置于空挡，熄火并拉紧驻车制动器		

续表

步骤	工作内容	工具、设备、资料	注意事项
	启动发动机，观察仪表，ABS 故障指示灯点亮并且驻车制动器灯闪烁。接入诊断仪，若诊断仪无法进入 ABS，优先排除 ABS 故障		
	查阅电路图和相关故障资料，分析 ABS 电路		
	打开发动机舱盖并铺设三件套，使用吹尘枪清洁发动机舱		
5	使用万用表蜂鸣挡测量 T26/26 号端子与任意搭铁点是否导通，若不导通，检查搭铁点 G2 是否虚接、松动；若导通，则说明该线路正常，应检查控制单元供电是否正常		
	打开点火开关，使用万用表电压挡或试灯分别测量 T26/1 号与 T26/14 号端子是否有 12 V 电压，若有 12 V 电压，说明该线路正常；若无 12 V 电压，则检查蓄电池上方熔断器 S04 与 S05 是否熔断。若熔断器熔断则进行更换，若正常则检查蓄电池正极桩头是否松动、腐蚀。若以上检查均无问题，则说明 ABS 控制单元损坏		
	撤去三件套，关闭发动机舱盖		
	整理工具，打扫场地卫生		

（二）实施记录

结合实施过程，对照表 5-3 中的检查项目内容，勾选或填写出实际的检查结果。

表 5-3 实施记录

序号	项目	测量结果	标准	处理意见
1	蓄电池电压		约 12 V	
2	发动机接地线与蓄电池负极是否导通	导通 □ 不导通 □	导通	
3	变速器接地线与蓄电池负极是否导通	导通 □ 不导通 □	导通	
4	ABS 故障指示灯是否常亮		不常亮	
5	检查搭铁点 G2 是否导通	导通 □ 不导通 □	导通	
6	测量 T26/1 号与 T26/14 号端子电压		12 V	
7	检测熔断器 S04 与 S05 是否熔断	熔断 □ 未熔断 □	未熔断	

六、检查

（一）自检

结合本组任务操作过程，对任务执行过程中的操作规范性进行检查，检查操作过程中是否存在以下问题，分析讨论应如何避免并总结规范的操作方法（见表 5-4）。

表 5-4　自检

检查项目	结果
车辆停放位置是否合适，是否将变速器置于空挡并拉紧驻车制动器	
是否使用三件套对车辆进行防护	
举升机是否按规范操作，是否注意人身安全	
ABS 电路检测项目是否有漏项	
系统故障是否排除	
工作场地是否清洁，车辆是否复位	

（二）互检

组与组之间相互进行任务操作过程及结果检查，并把检查结果填写在表 5-5 中。

表 5-5　互检

检查项目	结果
车辆停放位置是否合适，是否将变速器置于空挡并拉紧驻车制动器	
是否使用三件套对车辆进行防护	
举升机是否按规范操作，是否注意人身安全	
ABS 电路检测项目是否有漏项	
系统故障是否排除	
工作场地是否清洁，车辆是否复位	

七、课堂小结

____

____

____

情境二

ABS 综合故障检修

任务六　ABS 综合故障检修（一）

<table>
<tr><td colspan="4">ABS 综合故障检修任务工单——电控单元熔断器检查</td></tr>
<tr><td>客户信息</td><td>姓名</td><td>职业</td><td></td></tr>
<tr><td rowspan="2">车辆信息</td><td>车型</td><td>VIN 码</td><td>行驶里程</td></tr>
<tr><td></td><td></td><td></td></tr>
<tr><td>客户描述</td><td colspan="3">制动液液位偏低 □　制动器失灵 □　ABS 故障灯常亮 □
制动灯常亮 □　轮速传感器无反馈信号 □　ABS 总泵不工作 □
车辆制动时有异响 □　电子驻车制动系统故障 □　报警灯常亮 □
其他：</td></tr>
<tr><td colspan="2">车辆外观检查</td><td colspan="2">车辆内部检查</td></tr>
<tr><td colspan="2">凹凸 □
划痕 □
石击 □
油漆 □</td><td colspan="2">污渍 □
破损 □
色斑 □
变形 □</td></tr>
<tr><td>明确具体工作任务</td><td colspan="3"></td></tr>
</table>

任务目标

- 熟悉 ABS 检测流程
- 掌握 ABS 通信线路的定义
- 能够检测 ABS 通信线路

任务内容

- ABS 检测流程
- ABS 通信线路的定义
- ABS 通信线路的检测方法

续表

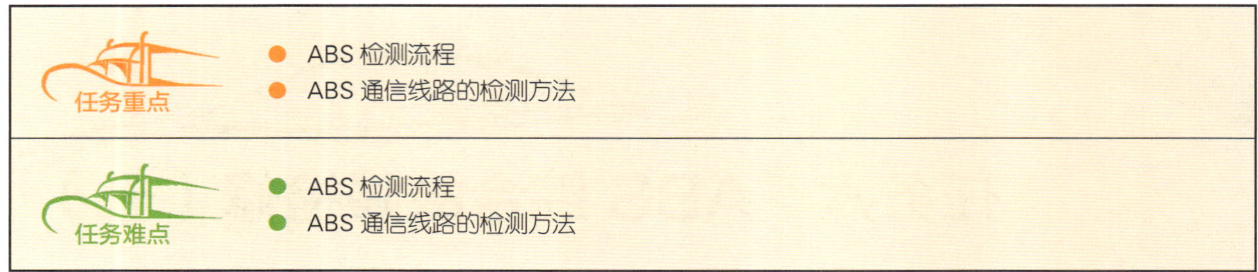

任务重点	● ABS 检测流程 ● ABS 通信线路的检测方法
任务难点	● ABS 检测流程 ● ABS 通信线路的检测方法

一、知识讲解

（一）ABS 检测流程（图 6-1）

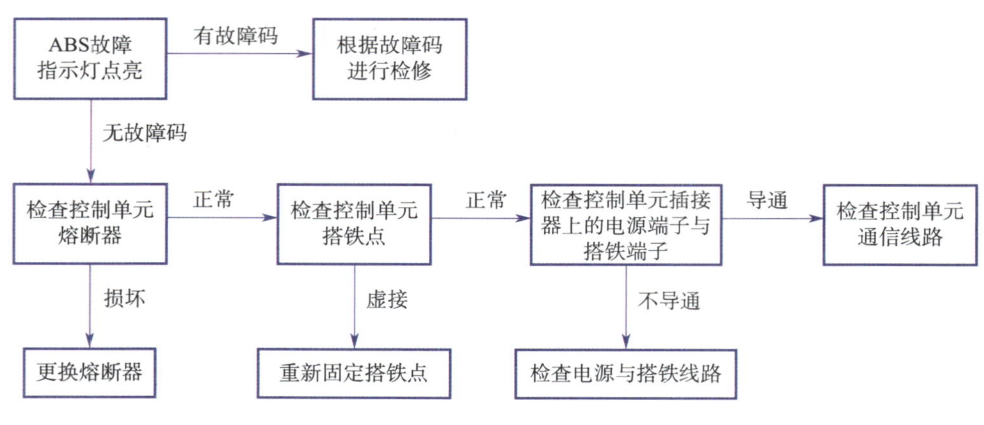

图 6-1　ABS 检测流程

1. 当 ABS 故障指示灯点亮时，首先应使用诊断仪检测系统内部的故障码（有故障码），并根据故障码进行检修。

2. 当诊断仪无法进入控制单元内部时，便无法获取系统的故障码（无故障码），此时多为 ABS 系统电路故障或通信故障，因此，应先检查与控制单元相关的熔断器。

3. 若熔断器损坏，应更换新的熔断器，然后观察故障指示灯是否熄灭，并尝试再次进入 ABS 控制单元。若所有熔断器均正常，则应检查控制单元的搭铁点是否松动或虚接。

4. 若搭铁点松动（虚接），应重新固定搭铁点，并观察故障是否消除。若搭铁点固定完好（正常），则应检查控制单元插接器上的电源端子与搭铁端子是否与电源正极和负极分别导通。

5. 若电源端子与搭铁端子不导通，应检查控制单元的电源与搭铁线路。若电源端子与搭铁端子导通，则应检查控制单元的通信线路是否正常。

6. 每检查完一步都要重新尝试是否能够进入 ABS 控制单元，并在进入到控制单元内部后继续查询有无故障码，并根据故障码进行维修。

（二）ABS 通信线路的定义

ABS 通信线路是 ABS 控制单元与其他控制单元之间进行信息互换的线路。ABS 故障指示灯由仪表控制单元控制。当打开点火开关或在车辆行驶过程中，ABS 正常工作时，会通过通信线路“告知”仪

表控制单元"熄灭故障指示灯"。ABS 一旦检测出自身的传感器或执行器出现故障，便不再通过通信线路传输"熄灭故障指示灯"的信息，仪表控制单元收不到 ABS"熄灭故障指示灯"的信号时，便会点亮故障指示灯。

（三）ABS 通信线路的检测方法

ABS 通信线路有 K 线传输和 CAN 线传输两种方式。

K 线是具有通信功能的导线。在不带车载网络的车辆上，控制单元之间的通信和维修人员常用的检测设备诊断都靠 K 线实现。在电路图中的控制单元端子号标识旁边会特别标出 K 线。

CAN 线即车载网络传输线，与 K 线传输不同的是，CAN 线采用两根双绞线代替原来的 K 线进行传输，且损坏其中任何一根都将导致传输中断。与 K 线传输相同的是，CAN 线在电路图中也会特别标出。

二、任务准备

在下列图片中勾选出完成本任务所需的工具、设备、资料等。

扭力扳手	手锯	三件套	吹尘枪
诊断仪	工具车	工具套件	万用表
带磁力表座的百分表	抹布	拉力器	手电筒

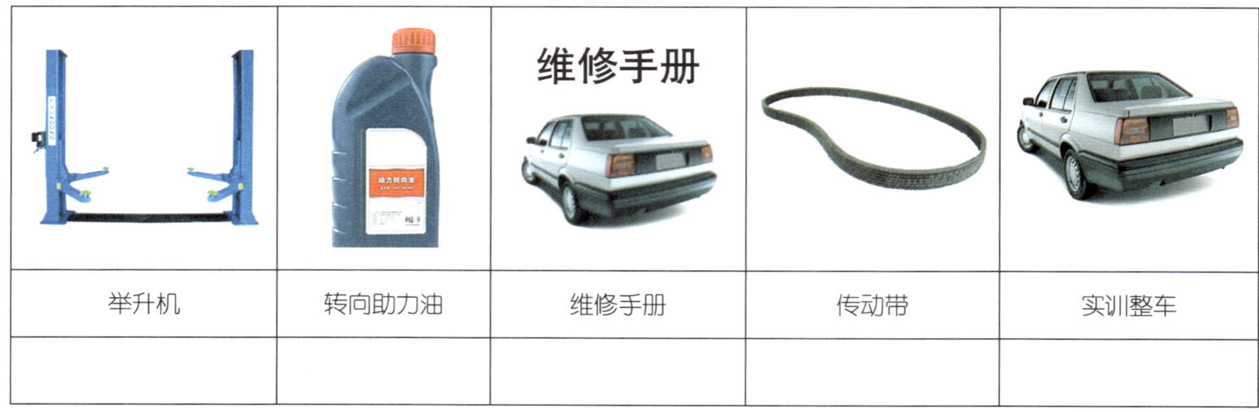

举升机	转向助力油	维修手册	传动带	实训整车

三、防护措施

1. 进入车间应穿工鞋、戴工帽；工作服应穿戴整齐，不裸露皮肤；操作时不可佩戴手表等金属饰品，以防划伤车辆表面。

2. 举升车辆时应严格按照举升机的使用方法进行操作，并通知其他学员远离举升设备。

3. 更换油液或配件时应进行油液和配件的回收清理工作，以免对工作环境造成污染。

识别下列三幅车间操作图片，勾选出操作正确的图片。

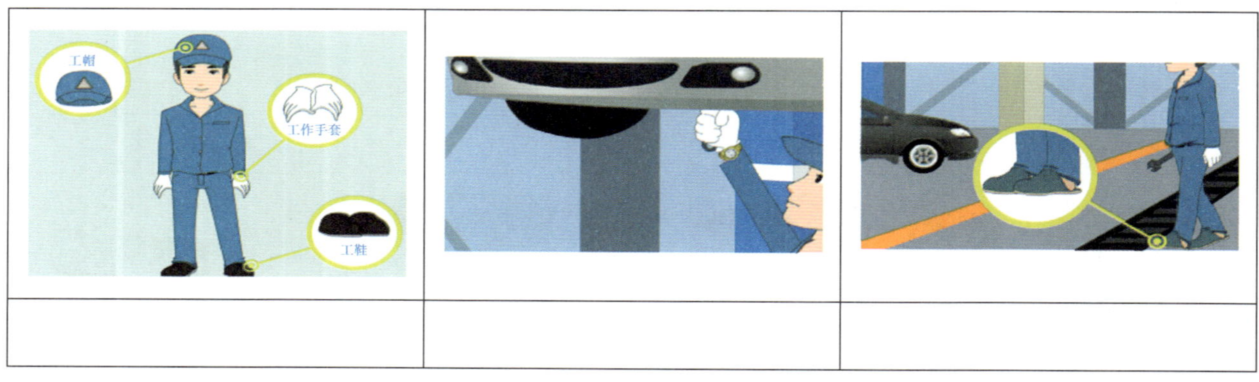

四、任务分配（见表 6-1）

表 6-1　任务分配表

职务	代码	姓名	工作内容
组长	A		
组员	B		
	C		
	D		
	E		

五、任务实施

（一）操作步骤

将表 6-2 中的工作内容进行排序，并填写所需的工具、设备、资料以及相关的注意事项。

表 6-2 操作步骤

步骤	工作内容	工具、设备、资料	注意事项
	打开发动机舱盖并铺设三件套		
	安装车辆防护用具		
	查阅电路图和相关故障资料，分析电路		
	启动车辆，仪表上 ABS 故障指示灯点亮。根据检测流程提示，连接诊断仪接头，打开诊断仪，检查能否进入 ABS 或者 ABS 是否有故障码		
	若“03- 制动防抱死系统”有关于轮速传感器的故障码，则读取轮速传感器的测量值，确定轮速传感器有无信号		
	使用万用表检查轮速传感器线束有无断路和短路的情况，并测量轮速传感器的电阻（电磁式）或电压（霍尔式）		
	若“03- 制动防抱死系统”有关于驱动总线的故障码，则使用示波器测量 ABS CAN 线的波形		
	若诊断仪无法进入“03- 制动防抱死系统”，则检查 ABS 供电熔断器的熔丝是否熔断。若熔丝熔断，更换熔断器；若未熔断，则检查 ABS 接地线搭铁点是否松动、虚接。若搭铁点虚接，应重新固定；若未虚接，则使用万用表检查 ABS 控制单元搭铁线路是否正常，若正常，则检查供电线路是否有 12 V 电压，若有 12 V 电压，说明供电线路正常，则 ABS 控制单元损坏		
	撤去三件套，关闭发动机舱盖		
	整理工具，打扫场地卫生		

（二）实施记录

结合实施过程，对照表 6-3 中的检查项目内容，勾选或填写出实际的检查结果。

表 6-3 实施记录

序号	项目	测量结果	标准	处理意见
1	蓄电池电压		约 12 V	
2	发动机接地线与蓄电池负极是否导通	导通 □ 不导通 □	导通	
3	变速器接地线与蓄电池负极是否导通	导通 □ 不导通 □	导通	

续表

序号	项目	测量结果	标准	处理意见
4	ABS 故障指示灯是否常亮		不常亮	
5	ABS 是否存在故障码	是 □　否 □	否	
6	ABS 故障码读取结果	故障码 1：　故障码 2： 故障码 3：　故障码 4：	—	
7	左前轮轮速传感器电阻		1.3 ~ 2 kΩ	
8	右前轮轮速传感器电阻		1.3 ~ 2 kΩ	
9	左后轮轮速传感器电阻		1.3 ~ 2 kΩ	
10	右后轮轮速传感器电阻		1.3 ~ 2 kΩ	
11	检查搭铁点 G2 是否导通	导通 □　不导通 □	导通	
12	测量 T26/1 号与 T26/14 号端子电压		12 V	
13	检测熔断器 S04 与 S05 是否熔断	熔断 □　未熔断 □	未熔断	
14	检查供电线路电压	12 V □　0 V □	12 V	
15	检查搭铁线路是否导通	导通 □　不导通 □	导通	

六、检查

（一）自检

结合本组任务操作过程，对任务执行过程中的操作规范性进行检查，检查操作过程中是否存在以下问题，分析讨论应如何避免并总结规范的操作方法（见表 6–4）。

表 6–4　自检

检查项目	结果
车辆停放位置是否合适，是否将变速器置于空挡并拉紧驻车制动器	
是否使用三件套对车辆进行防护	
举升机是否按规范操作，是否注意人身安全	
ABS 电路检测项目是否有漏项	
系统故障是否排除	
工作场地是否清洁，车辆是否复位	

（二）互检

组与组之间相互进行任务操作过程及结果检查，并把检查结果填写在表 6–5 中。

表 6-5　互检

检查项目	结果
车辆停放位置是否合适，是否将变速器置于空挡并拉紧驻车制动器	
是否使用三件套对车辆进行防护	
举升机是否按规范操作，是否注意人身安全	
ABS 电路检测项目是否有漏项	
系统故障是否排除	
工作场地是否清洁，车辆是否复位	

七、课堂小结

任务七　ABS 综合故障检修（二）

ABS 综合故障检修任务工单——电控单元搭铁点检查					
客户信息	姓名		职业		
车辆信息	车型	VIN 码		行驶里程	
客户描述	制动液液位偏低 □ 制动灯常亮 □ 车辆制动时有异响 □ 其他：	制动器失灵 □ 轮速传感器无反馈信号 □ 电子驻车制动系统故障 □		ABS 故障灯常亮 □ ABS 总泵不工作 □ 报警灯常亮 □	
车辆外观检查			车辆内部检查		
凹凸 □			污渍 □		
划痕 □			破损 □		
石击 □			色斑 □		
油漆 □			变形 □		
明确具体工作任务					

任务目标

- 熟悉 ABS 检测流程
- 掌握 ABS 通信线路的定义
- 能够检测 ABS 通信线路

任务内容

- ABS 检测流程
- ABS 通信线路的定义
- ABS 通信线路的检测方法

续表

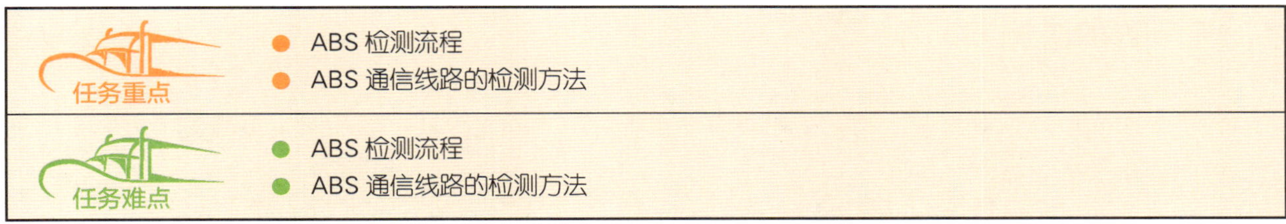

任务重点	● ABS 检测流程 ● ABS 通信线路的检测方法
任务难点	● ABS 检测流程 ● ABS 通信线路的检测方法

一、任务准备

在下列图片中勾选出完成本任务所需的工具、设备、资料等。

扭力扳手	手锯	三件套	吹尘枪
诊断仪	工具车	工具套件	万用表
带磁力表座的百分表	抹布	拉力器	手电筒

举升机	转向助力油	维修手册	传动带	实训整车

二、防护措施

1. 进入车间应穿工鞋、戴工帽；工作服应穿戴整齐，不裸露皮肤；操作时不可佩戴手表等金属饰品，以防划伤车辆表面。

2. 举升车辆时应严格按照举升机的使用方法进行操作，并通知其他学员远离举升设备。

3. 更换油液或配件时应进行油液和配件的回收清理工作，以免对工作环境造成污染。

识别下列三幅车间操作图片，勾选出操作正确的图片。

	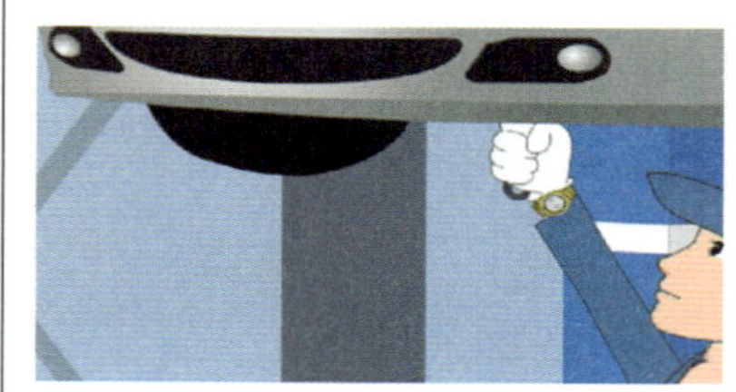	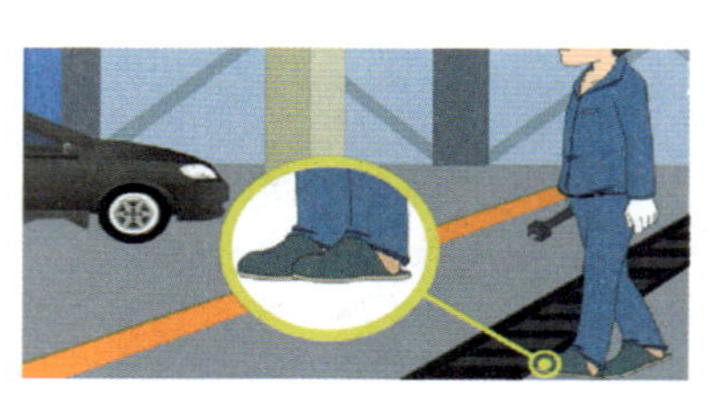

三、任务分配（见表 7-1）

表 7-1　任务分配表

职务	代码	姓名	工作内容
组长	A		
组员	B		
	C		
	D		
	E		

四、任务实施

（一）操作步骤

将表 7-2 中的工作内容进行排序，并填写所需的工具、设备、资料以及相关的注意事项。

表 7-2　操作步骤

步骤	工作内容	工具、设备、资料	注意事项
	打开发动机舱盖并铺设三件套		
	安装车辆防护用具		
	查阅电路图和相关故障资料，分析电路		

续表

步骤	工作内容	工具、设备、资料	注意事项
	启动车辆，仪表上 ABS 故障指示灯点亮。根据检测流程提示，连接诊断仪接头，打开诊断仪，检查能否进入 ABS 或者 ABS 是否有故障码		
	若“03-制动防抱死系统”有关于轮速传感器的故障码，则读取轮速传感器的测量值，确定轮速传感器有无信号		
	使用万用表检查轮速传感器线束有无断路和短路的情况，并测量轮速传感器的电阻（电磁式）或电压（霍尔式）		
	若“03-制动防抱死系统”有关于驱动总线的故障码，则使用示波器测量 ABS CAN 线的波形		
	若诊断仪无法进入“03-制动防抱死系统”，则检查 ABS 供电熔断器的熔丝是否熔断。若熔丝熔断，更换熔断器；若未熔断，则检查 ABS 接地线搭铁点是否松动、虚接。若搭铁点虚接，应重新固定；若未虚接，则使用万用表检查 ABS 控制单元搭铁线路是否正常，若正常，则检查供电线路是否有 12 V 电压，若有 12 V 电压，说明供电线路正常，则 ABS 控制单元损坏		
	撤去三件套，关闭发动机舱盖		
	整理工具，打扫场地卫生		

（二）实施记录

结合实施过程，对照表 7-3 中的检查项目内容，勾选或填写出实际的检查结果。

表 7-3 实施记录

序号	项目	测量结果	标准	处理意见
1	蓄电池电压		约 12 V	
2	发动机接地线与蓄电池负极是否导通	导通 □ 不导通 □	导通	
3	变速器接地线与蓄电池负极是否导通	导通 □ 不导通 □	导通	
4	ABS 故障指示灯是否常亮		不常亮	
5	ABS 是否存在故障码	是 □ 否 □	否	
6	ABS 故障码读取结果	故障码 1： 故障码 2： 故障码 3： 故障码 4：	—	
7	左前轮轮速传感器电阻		1.3 ~ 2 kΩ	
8	右前轮轮速传感器电阻		1.3 ~ 2 kΩ	
9	左后轮轮速传感器电阻		1.3 ~ 2 kΩ	
10	右后轮轮速传感器电阻		1.3 ~ 2 kΩ	
11	检查搭铁点 G2 是否导通	导通 □ 不导通 □	导通	

续表

序号	项目	测量结果	标准	处理意见
12	测量 T26/1 号与 T26/14 号端子电压		12 V	
13	检测熔断器 S04 与 S05 是否熔断	熔断 □　未熔断 □	未熔断	
14	检查供电线路电压	12 V □　0 V □	12 V	
15	检查搭铁线路是否导通	导通 □　不导通 □	导通	

五、检查

（一）自检

结合本组任务操作过程，对任务执行过程中的操作规范性进行检查，检查操作过程中是否存在以下问题，分析讨论应如何避免并总结规范的操作方法（见表 7–4）。

表 7–4　自检

检查项目	结果
车辆停放位置是否合适，是否将变速器置于空挡并拉紧驻车制动器	
是否使用三件套对车辆进行防护	
举升机是否按规范操作，是否注意人身安全	
ABS 电路检测项目是否有漏项	
系统故障是否排除	
工作场地是否清洁，车辆是否复位	

（二）互检

组与组之间相互进行任务操作过程及结果检查，并把检查结果填写在表 7–5 中。

表 7–5　互检

检查项目	结果
车辆停放位置是否合适，是否将变速器置于空挡并拉紧驻车制动器	
是否使用三件套对车辆进行防护	
举升机是否按规范操作，是否注意人身安全	
ABS 电路检测项目是否有漏项	
系统故障是否排除	
工作场地是否清洁，车辆是否复位	

六、课堂小结

任务八　ABS 综合故障检修（三）

<table>
<tr><td colspan="6">ABS 综合故障检修任务工单——电控单元电源与搭铁线路检查</td></tr>
<tr><td>客户信息</td><td>姓名</td><td colspan="2"></td><td>职业</td><td></td></tr>
<tr><td rowspan="2">车辆信息</td><td colspan="2">车型</td><td colspan="2">VIN 码</td><td>行驶里程</td></tr>
<tr><td colspan="2"></td><td colspan="2"></td><td></td></tr>
<tr><td>客户描述</td><td colspan="5">制动液液位偏低 □　制动器失灵 □　ABS 故障灯常亮 □
制动灯常亮 □　轮速传感器无反馈信号 □　ABS 总泵不工作 □
车辆制动时有异响 □　电子驻车制动系统故障 □　报警灯常亮 □
其他：</td></tr>
<tr><td colspan="3">车辆外观检查</td><td colspan="3">车辆内部检查</td></tr>
<tr><td>凹凸 □
划痕 □
石击 □
油漆 □</td><td colspan="2"></td><td>污渍 □
破损 □
色斑 □
变形 □</td><td colspan="2"></td></tr>
<tr><td>明确具体工作任务</td><td colspan="5"></td></tr>
<tr><td>任务目标</td><td colspan="5">● 熟悉 ABS 检测流程
● 掌握 ABS 通信线路的定义
● 能够检测 ABS 通信线路</td></tr>
<tr><td>任务内容</td><td colspan="5">● ABS 检测流程
● ABS 通信线路的定义
● ABS 通信线路的检测方法</td></tr>
</table>

续表

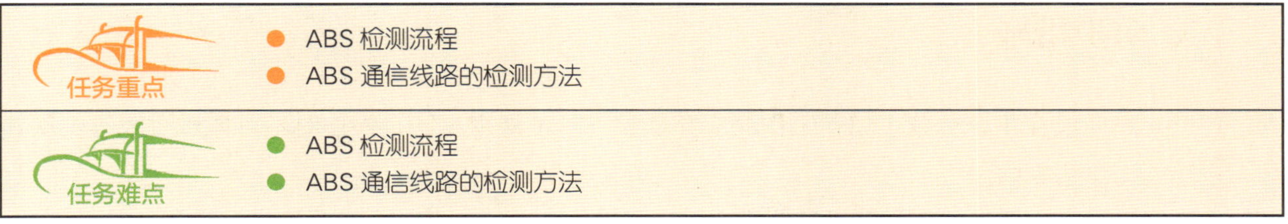

任务重点	● ABS 检测流程 ● ABS 通信线路的检测方法
任务难点	● ABS 检测流程 ● ABS 通信线路的检测方法

一、任务准备

在下列图片中勾选出完成本任务所需的工具、设备、资料等。

扭力扳手	手锯	三件套	吹尘枪
诊断仪	工具车	工具套件	万用表
带磁力表座的百分表	抹布	拉力器	手电筒

举升机	转向助力油	维修手册	传动带	实训整车

二、防护措施

1. 进入车间应穿工鞋、戴工帽；工作服应穿戴整齐，不裸露皮肤；操作时不可佩戴手表等金属饰品，以防划伤车辆表面。

2. 举升车辆时应严格按照举升机的使用方法进行操作，并通知其他学员远离举升设备。

3. 更换油液或配件时应进行油液和配件的回收清理工作，以免对工作环境造成污染。

识别下列三幅车间操作图片，勾选出操作正确的图片。

	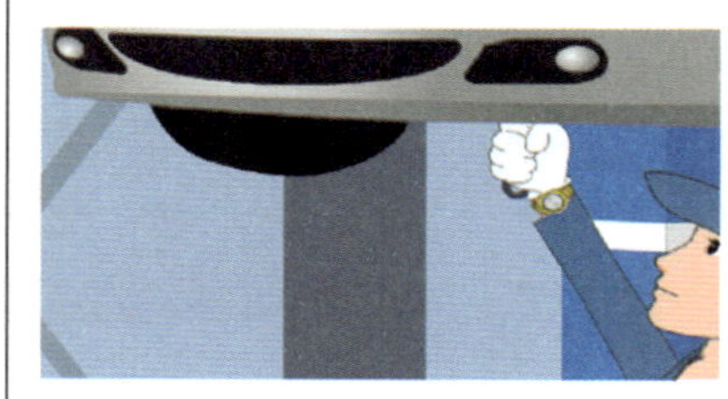	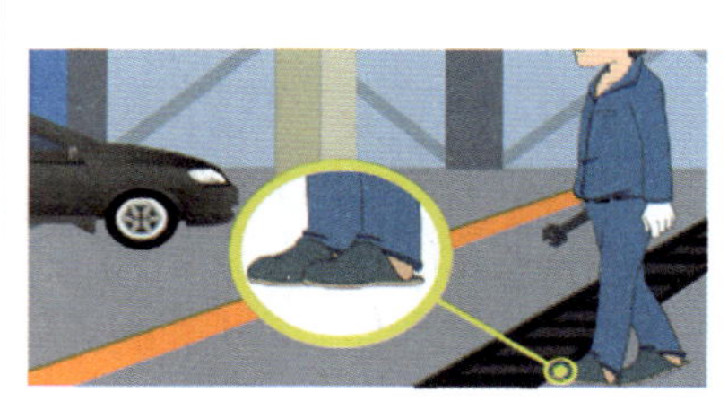

三、任务分配（见表 8-1）

表 8-1　任务分配表

职务	代码	姓名	工作内容
组长	A		
组员	B		
	C		
	D		
	E		

四、任务实施

（一）操作步骤

将表 8-2 中的工作内容进行排序，并填写所需的工具、设备、资料以及相关的注意事项。

表 8-2　操作步骤

步骤	工作内容	工具、设备、资料	注意事项
	打开发动机舱盖并铺设三件套		
	安装车辆防护用具		
	查阅电路图和相关故障资料，分析电路		

续表

步骤	工作内容	工具、设备、资料	注意事项
	启动车辆，仪表上 ABS 故障指示灯点亮。根据检测流程提示，连接诊断仪接头，打开诊断仪，检查能否进入 ABS 或者 ABS 是否有故障码		
	若“03–制动防抱死系统”有关于轮速传感器的故障码，则读取轮速传感器的测量值，确定轮速传感器有无信号		
	使用万用表检查轮速传感器线束有无断路和短路的情况，并测量轮速传感器的电阻（电磁式）或电压（霍尔式）		
	若“03–制动防抱死系统”有关于驱动总线的故障码，则使用示波器测量 ABS CAN 线的波形		
	若诊断仪无法进入“03–制动防抱死系统”，则检查 ABS 供电熔断器的熔丝是否熔断。若熔丝熔断，更换熔断器；若未熔断，则检查 ABS 接地线搭铁点是否松动、虚接。若搭铁点虚接，应重新固定；若未虚接，则使用万用表检查 ABS 控制单元搭铁线路是否正常，若正常，则检查供电线路是否有 12 V 电压，若有 12 V 电压，说明供电线路正常，则 ABS 控制单元损坏		
	撤去三件套，关闭发动机舱盖		
	整理工具，打扫场地卫生		

（二）实施记录

结合实施过程，对照表 8–3 中的检查项目内容，勾选或填写出实际的检查结果。

表 8–3　实施记录

序号	项目	测量结果	标准	处理意见
1	蓄电池电压		约12 V	
2	发动机接地线与蓄电池负极是否导通	导通 □　不导通 □	导通	
3	变速器接地线与蓄电池负极是否导通	导通 □　不导通 □	导通	
4	ABS 故障指示灯是否常亮		不常亮	
5	ABS 是否存在故障码	是 □　否 □	否	
6	ABS 故障码读取结果	故障码 1：　故障码 2： 故障码 3：　故障码 4：	—	
7	左前轮轮速传感器电阻		1.3 ~ 2 kΩ	
8	右前轮轮速传感器电阻		1.3 ~ 2 kΩ	
9	左后轮轮速传感器电阻		1.3 ~ 2 kΩ	
10	右后轮轮速传感器电阻		1.3 ~ 2 kΩ	
11	检查搭铁点 G2 是否导通	导通 □　不导通 □	导通	

续表

序号	项目	测量结果	标准	处理意见
12	测量 T26/1 号与 T26/14 号端子电压		12 V	
13	检测熔断器 S04 与 S05 是否熔断	熔断 □　未熔断 □	未熔断	
14	检查供电线路电压	12 V □　0 V □	12 V	
15	检查搭铁线路是否导通	导通 □　不导通 □	导通	

五、检查

(一) 自检

结合本组任务操作过程，对任务执行过程中的操作规范性进行检查，检查操作过程中是否存在以下问题，分析讨论应如何避免并总结规范的操作方法（见表 8–4）。

表 8–4　自检

检查项目	结果
车辆停放位置是否合适，是否将变速器置于空挡并拉紧驻车制动器	
是否使用三件套对车辆进行防护	
举升机是否按规范操作，是否注意人身安全	
ABS 电路检测项目是否有漏项	
系统故障是否排除	
工作场地是否清洁，车辆是否复位	

(二) 互检

组与组之间相互进行任务操作过程及结果检查，并把检查结果填写在表 8–5 中。

表 8–5　互检

检查项目	结果
车辆停放位置是否合适，是否将变速器置于空挡并拉紧驻车制动器	
是否使用三件套对车辆进行防护	
举升机是否按规范操作，是否注意人身安全	
ABS 电路检测项目是否有漏项	
系统故障是否排除	
工作场地是否清洁，车辆是否复位	

六、课堂小结

任务九　ABS 综合故障检修（四）

<table>
<tr><td colspan="6">ABS 综合故障检修任务工单——ABS 通信线路检测</td></tr>
<tr><td>客户信息</td><td>姓名</td><td colspan="2"></td><td>职业</td><td></td></tr>
<tr><td rowspan="2">车辆信息</td><td colspan="2">车型</td><td colspan="2">VIN 码</td><td>行驶里程</td></tr>
<tr><td colspan="2"></td><td colspan="2"></td><td></td></tr>
<tr><td>客户描述</td><td colspan="5">制动液液位偏低 □　制动器失灵 □　ABS 故障灯常亮 □
制动灯常亮 □　轮速传感器无反馈信号 □　ABS 总泵不工作 □
车辆制动时有异响 □　电子驻车制动系统故障 □　报警灯常亮 □
其他：</td></tr>
<tr><td colspan="3">车辆外观检查</td><td colspan="3">车辆内部检查</td></tr>
<tr><td>凹凸 □
划痕 □
石击 □
油漆 □</td><td colspan="2"></td><td>污渍 □
破损 □
色斑 □
变形 □</td><td colspan="2"></td></tr>
<tr><td>明确具体工作任务</td><td colspan="5"></td></tr>
<tr><td>任务目标</td><td colspan="5">● 熟悉 ABS 检测流程
● 掌握 ABS 通信线路的定义
● 能够检测 ABS 通信线路</td></tr>
<tr><td>任务内容</td><td colspan="5">● ABS 检测流程
● ABS 通信线路的定义
● ABS 通信线路的检测方法</td></tr>
</table>

续表

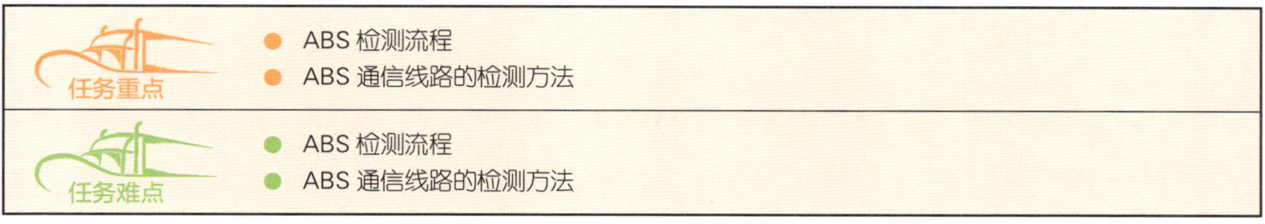

任务重点	● ABS 检测流程 ● ABS 通信线路的检测方法
任务难点	● ABS 检测流程 ● ABS 通信线路的检测方法

一、任务准备

在下列图片中勾选出完成本任务所需的工具、设备、资料等。

扭力扳手	手锯	三件套	吹尘枪
诊断仪	工具车	工具套件	万用表
带磁力表座的百分表	抹布	拉力器	手电筒

举升机	转向助力油	维修手册	传动带	实训整车

二、防护措施

1. 进入车间应穿工鞋、戴工帽；工作服应穿戴整齐，不裸露皮肤；操作时不可佩戴手表等金属饰品，以防划伤车辆表面。

2. 举升车辆时应严格按照举升机的使用方法进行操作，并通知其他学员远离举升设备。

3. 更换油液或配件时应进行油液和配件的回收清理工作，以免对工作环境造成污染。

识别下列三幅车间操作图片，勾选出操作正确的图片。

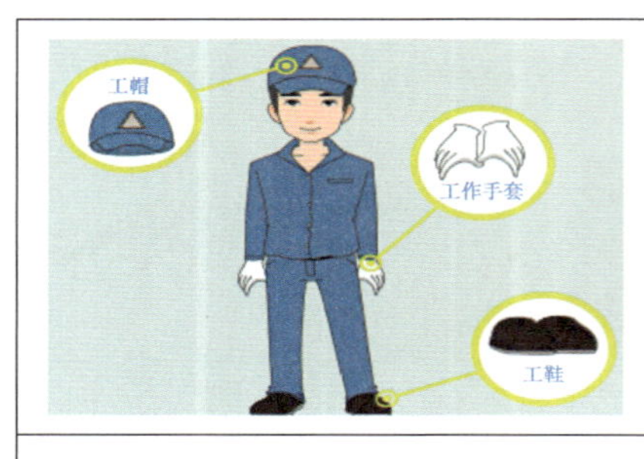		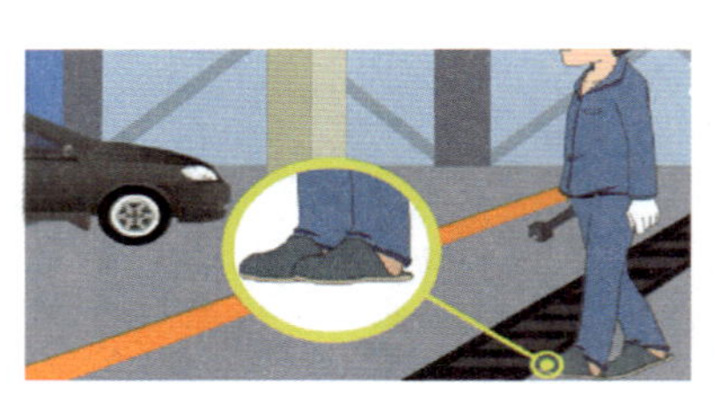

三、任务分配（见表 9-1）

表 9-1　任务分配表

职务	代码	姓名	工作内容
组长	A		
组员	B		
	C		
	D		
	E		

四、任务实施

（一）操作步骤

将表 9-2 中的工作内容进行排序，并填写所需的工具、设备、资料以及相关的注意事项。

表 9-2　操作步骤

步骤	工作内容	工具、设备、资料	注意事项
	打开发动机舱盖并铺设三件套		
	安装车辆防护用具		
	查阅电路图和相关故障资料，分析电路		

续表

步骤	工作内容	工具、设备、资料	注意事项
	启动车辆，仪表上 ABS 故障指示灯点亮。根据检测流程提示，连接诊断仪接头，打开诊断仪，检查能否进入 ABS 或者 ABS 是否有故障码		
	若“03-制动防抱死系统”有关于轮速传感器的故障码，则读取轮速传感器的测量值，确定轮速传感器有无信号		
	使用万用表检查轮速传感器线束有无断路和短路的情况，并测量轮速传感器的电阻（电磁式）或电压（霍尔式）		
	若“03-制动防抱死系统”有关于驱动总线的故障码，则使用示波器测量 ABS CAN 线的波形		
	若诊断仪无法进入“03-制动防抱死系统”，则检查 ABS 供电熔断器的熔丝是否熔断。若熔丝熔断，更换熔断器；若未熔断，则检查 ABS 接地线搭铁点是否松动、虚接。若搭铁点虚接，应重新固定；若未虚接，则使用万用表检查 ABS 控制单元搭铁线路是否正常，若正常，则检查供电线路是否有 12 V 电压，若有 12 V 电压，说明供电线路正常，则 ABS 控制单元损坏		
	撤去三件套，关闭发动机舱盖		
	整理工具，打扫场地卫生		

（二）实施记录

结合实施过程，对照表 9-3 中的检查项目内容，勾选或填写出实际的检查结果。

表 9-3　实施记录

序号	项目	测量结果	标准	处理意见
1	蓄电池电压		约12 V	
2	发动机接地线与蓄电池负极是否导通	导通 □　不导通 □	导通	
3	变速器接地线与蓄电池负极是否导通	导通 □　不导通 □	导通	
4	ABS 故障指示灯是否常亮		不常亮	
5	ABS 是否存在故障码	是 □　否 □	否	
6	ABS 故障码读取结果	故障码 1：　故障码 2： 故障码 3：　故障码 4：	—	
7	左前轮轮速传感器电阻		1.3～2 kΩ	
8	右前轮轮速传感器电阻		1.3～2 kΩ	
9	左后轮轮速传感器电阻		1.3～2 kΩ	
10	右后轮轮速传感器电阻		1.3～2 kΩ	
11	检查搭铁点 G2 是否导通	导通 □　不导通 □	导通	

续表

序号	项目	测量结果	标准	处理意见
12	测量 T26/1 号与 T26/14 号端子电压		12 V	
13	检测熔断器 S04 与 S05 是否熔断	熔断 □　未熔断 □	未熔断	
14	检查供电线路电压	12 V □　0 V □	12 V	
15	检查搭铁线路是否导通	导通 □　不导通 □	导通	

五、检查

（一）自检

结合本组任务操作过程，对任务执行过程中的操作规范性进行检查，检查操作过程中是否存在以下问题，分析讨论应如何避免并总结规范的操作方法（见表 9-4）。

表 9-4　自检

检查项目	结果
车辆停放位置是否合适，是否将变速器置于空挡并拉紧驻车制动器	
是否使用三件套对车辆进行防护	
举升机是否按规范操作，是否注意人身安全	
ABS 电路检测项目是否有漏项	
系统故障是否排除	
工作场地是否清洁，车辆是否复位	

（二）互检

组与组之间相互进行任务操作过程及结果检查，并把检查结果填写在表 9-5 中。

表 9-5　互检

检查项目	结果
车辆停放位置是否合适，是否将变速器置于空挡并拉紧驻车制动器	
是否使用三件套对车辆进行防护	
举升机是否按规范操作，是否注意人身安全	
ABS 电路检测项目是否有漏项	
系统故障是否排除	
工作场地是否清洁，车辆是否复位	

六、课堂小结

情境三

电子驻车制动系统故障检修

任务十　电子驻车制动系统故障检修（一）

<table>
<tr><td colspan="7">电子驻车制动系统故障检修任务工单——故障诊断</td></tr>
<tr><td>客户信息</td><td>姓名</td><td colspan="2"></td><td>职业</td><td colspan="2"></td></tr>
<tr><td rowspan="2">车辆信息</td><td colspan="2">车型</td><td colspan="2">VIN 码</td><td colspan="2">行驶里程</td></tr>
<tr><td colspan="2"></td><td colspan="2"></td><td colspan="2"></td></tr>
<tr><td>客户描述</td><td colspan="6">制动液液位偏低 □　制动器失灵 □　ABS 故障灯常亮 □
制动灯常亮 □　轮速传感器无反馈信号 □　ABS 总泵不工作 □
车辆制动时有异响 □　电子驻车制动系统故障 □　报警灯常亮 □
其他：</td></tr>
<tr><td colspan="3">车辆外观检查</td><td colspan="4">车辆内部检查</td></tr>
<tr><td>凹凸 □
划痕 □
石击 □
油漆 □</td><td colspan="2"></td><td>污渍 □
破损 □
色斑 □
变形 □</td><td colspan="3"></td></tr>
<tr><td>明确具体工作任务</td><td colspan="6"></td></tr>
<tr><td>任务目标</td><td colspan="6">● 能够正确使用诊断仪对车辆电子驻车制动系统进行自诊断
● 能够正确使用诊断仪对车辆电子驻车制动系统进行基本设定</td></tr>
<tr><td>任务内容</td><td colspan="6">● 电子驻车制动系统的功能与系统组成
● 电子驻车制动系统的控制原理
● 电子驻车制动系统电路分析及故障排除</td></tr>
</table>

续表

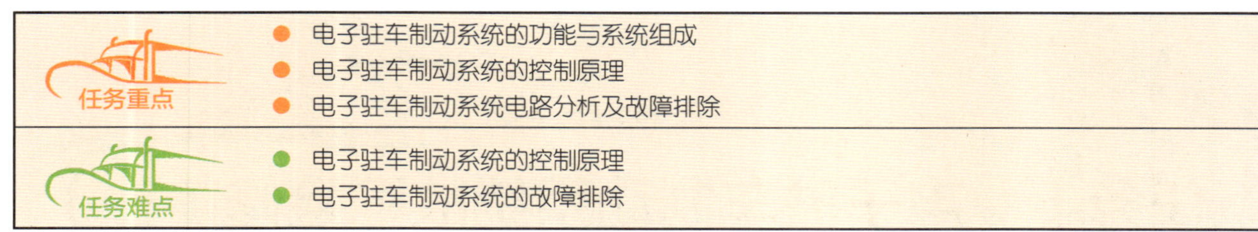

任务重点	● 电子驻车制动系统的功能与系统组成 ● 电子驻车制动系统的控制原理 ● 电子驻车制动系统电路分析及故障排除
任务难点	● 电子驻车制动系统的控制原理 ● 电子驻车制动系统的故障排除

一、知识讲解

（一）电子驻车制动系统的功能与系统组成

1. 电子驻车制动系统的功能

电子驻车制动系统采用控制单元与电动机械元件取代了机械式的驻车制动装置，使驻车制动操作更为简单。电子驻车制动系统的主要功能有驻车制动、动态启动辅助、动态紧急制动和 AUTO HOLD 等功能。

驻车制动功能能够确保车辆在 30° 倾斜角的斜坡上也能够安全驻车，主要通过按动电子驻车制动器按钮来打开和关闭电控机械式驻车制动器。

动态启动辅助功能是指在电控机械式驻车制动器打开的情况下，能确保车辆在倾斜道路上启动时车轮不会向前猛冲或倒退。

动态紧急制动功能是指制动踏板失灵或锁住时，可以通过动态紧急制动功能强行制动车辆。

AUTO HOLD 功能是一项辅助功能，是指驾驶员在不需要长时间拉动驻车制动器和启动电子驻车制动的情况下，也能够避免车辆不必要滑行的一种功能。

2. 电子驻车制动系统的组成

电子驻车制动系统主要由控制器、传感器、开关、执行元件等组成，如图 10-1 所示。

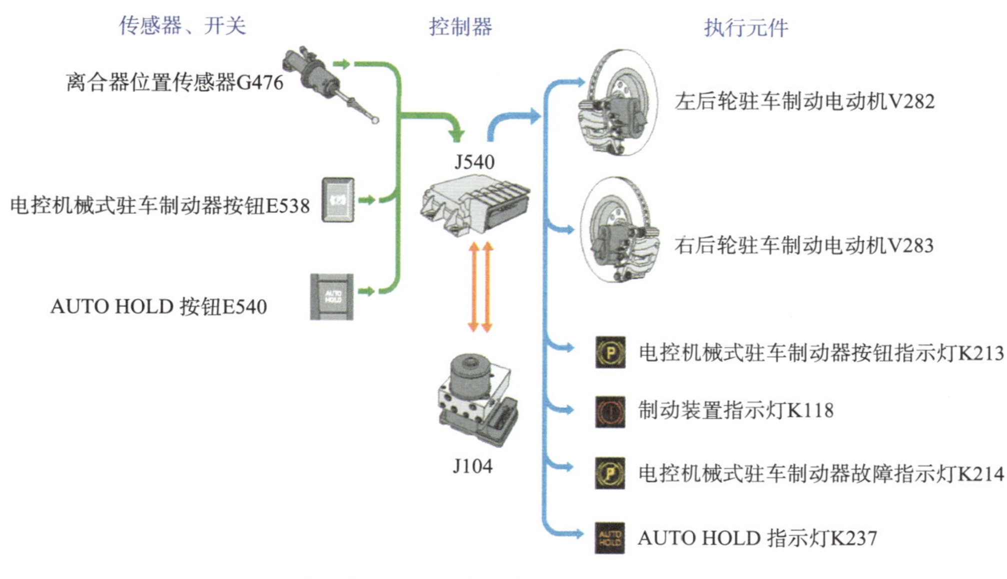

图 10-1　电子驻车制动系统的组成

电子驻车制动系统的传感器主要包括两个操作按钮开关和一个离合器位置传感器。电控机械式驻车制动器按钮 E538 和 AUTO HOLD 按钮 E540 的主要作用是打开和关闭相应的功能。离合器位置传感器 G476 的信号用于帮助电子驻车控制单元判断离合器的状态，从而实现动态启动辅助功能。

电子驻车制动器的执行元件主要包括两个后轮驻车制动电动机和相关的指示灯。驻车制动电动机通过齿形带和斜盘齿轮等传动装置，为两个后轮制动轮缸提供机械制动力，实现驻车制动。指示灯用于提示驾驶人员电子驻车制动系统工作是否正常。

此外，电子驻车制动系统还通过 CAN 总线与 ABS 控制单元相互通信，在制动踏板失灵或锁住时，可以通过电子驻车的动态紧急制动功能强行制动车辆。

（二）电子驻车制动系统的控制原理

1. 驻车制动功能控制流程（图 10-2）

（1）驾驶员按下电控机械式驻车制动器按钮 E538。

（2）电控机械式驻车制动器控制单元 J540 通过专用 CAN 数据总线与 ABS 控制单元 J104 相互通信，并确定车速是否低于 7 km/h。

（3）若车速低于 7 km/h，电控机械式驻车制动器启动两个后轮驻车制动电动机，电控机械式驻车制动过程完成。

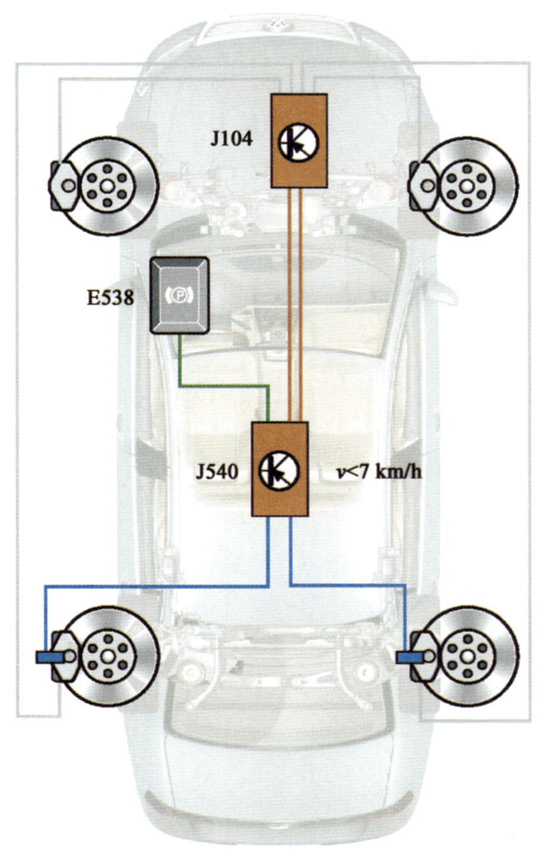

图 10-2 驻车制动功能控制流程

E538—电控机械式驻车制动器按钮 J104—ABS 控制单元 J540—电控机械式驻车制动器控制单元

（4）驾驶员再次按下电控机械式驻车制动器按钮 E538，同时用脚踩下制动器，后轮驻车制动器松开。

2. 动态启动辅助功能控制流程

（1）车辆静止时，接通电控机械式驻车制动器，选择前进挡并踩下加速踏板，启动车辆。

（2）分析完所有参数（倾斜角度、发动机扭矩等）后，电控机械式驻车制动器控制单元 J540 计算出斜坡输出扭矩。

（3）如果车辆输入扭矩大于由电控机械式驻车制动器控制单元 J540 计算出的斜坡输出扭矩，控制单元启动两个后轮驻车制动电动机。

（4）后轮驻车制动电动机松开，车辆启动，且启动过程中车轮不会向后转动。

3. 动态紧急制动功能控制流程（图 10-3）

（1）驾驶员按下电控机械式驻车制动器按钮 E538。

（2）电控机械式驻车制动器控制单元 J540 通过专用 CAN 数据总线与 ABS 控制单元 J104 相互通信，并确定车速是否超过 7 km/h。

（3）若车速大于 7 km/h，ABS 控制单元 J104 启动液压泵，并在液压管路中建立液压制动压力，液压管路与 4 个车轮制动器连接，车辆制动。

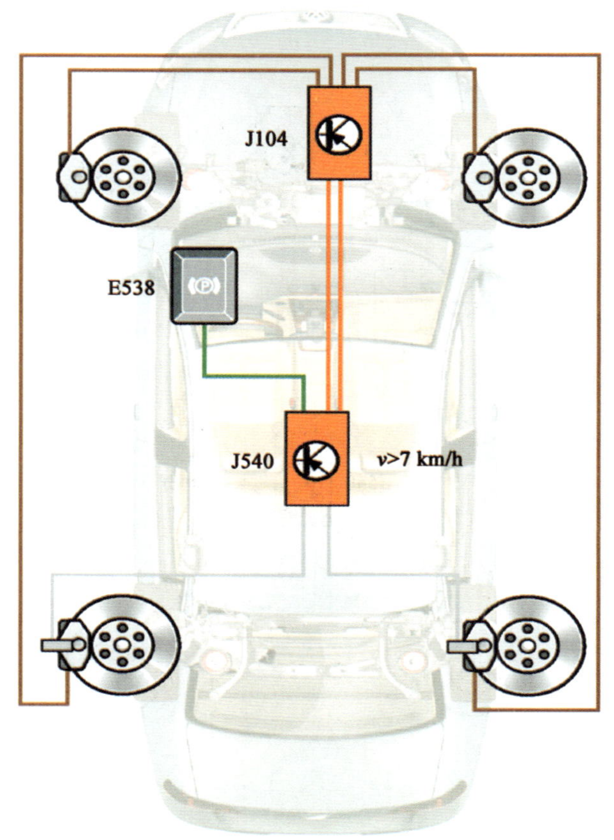

图 10-3　动态紧急制动功能控制流程

E538—电控机械式驻车制动器按钮　J104—ABS 控制单元　J540—电控机械式驻车制动器控制单元

（4）如果松开电控机械式驻车制动器按钮 E538 或者操纵加速踏板，电控机械式驻车制动器控制单元 J540 则通过 CAN 总线发出解除动态紧急制动控制的指令，ABS 控制单元解除车辆制动控制。

（三）电子驻车制动系统电路分析

1. 熔断器

电子驻车制动系统一共采用 4 个熔断器进行供电，以 2016 款迈腾为例，电子驻车制动系统的熔断器分别为 SC2、SC15、SC24、SC33。其中，SC2 为电控机械式驻车制动器控制单元 J540 提供主电源，另外还为中控台开关模块的 AUTO HOLD 按钮和指示灯提供电源电压；SC15 为电子驻车开关指示灯 K139 提供工作电源；SC24 和 SC33 分别为电子驻车制动系统执行元件左、右后轮驻车制动电动机提供驱动电源。

当 SC24 和 SC33 中任何一个熔断器损坏时，拉紧驻车制动器，驻车制动指示灯闪亮，且只有剩余一侧驻车制动电动机作用，系统中也会记录相关的故障码。

当 SC15 损坏时，拉紧驻车制动器，驻车制动指示灯不会点亮。

2. 开关电路

电子驻车制动开关安装在变速器挡杆旁的中控台开关模块上，并采用冗余信号控制，即电子驻车开关的“拉紧”和“松开”开关都有两个，一个为常闭开关，另一个为常开开关，分别由电子驻车控制单元的 T30/11、T30/20 号端子提供电源，再由 T30/19 和 T30/18、T30/10 和 T30/9 号端子分别接收开关变化的反馈信号。

电子驻车制动开关电路中的任何一根导线或开关损坏，都会导致电子驻车制动系统无法工作。若故障前电子驻车制动系统处于“拉紧”状态，则仍可以通过关闭车门、系上安全带、挂挡及踩加速踏板的动作进行自动释放。

3. 唤醒线

电子驻车控制单元采用高速 CAN 线与 ABS 控制单元进行通信，但高速 CAN 线无休眠模式，因此，当关闭点火开关后，理论上 ABS 控制单元便会处于“离线”状态，而电子驻车控制单元在关闭点火开关并拉紧驻车制动器时，必须与 ABS 控制单元进行车速确认，这就需要一根唤醒线将 ABS 控制单元“唤醒”。若唤醒线损坏，则会导致在关闭点火开关后无法拉紧驻车制动器。

二、任务准备

在下列图片中勾选出完成本任务所需的工具、设备、资料等。

旋具套装	试灯	剥线钳	汽车万用表线组

万用表	工具车	工具套件	诊断设备
	维修手册		
举升机	维修手册	熔断器	实训整车

三、防护措施

1. 进入车间应穿工鞋、戴工帽；工作服应穿戴整齐，不裸露皮肤；操作时不可佩戴手表等金属饰品，以防划伤车辆表面。

2. 举升车辆时应严格按照举升机的使用方法进行操作，并通知其他学员远离举升设备。

3. 更换油液或配件时应进行油液和配件的回收清理工作，以免对工作环境造成污染。

识别下列三幅车间操作图片，勾选出操作正确的图片。

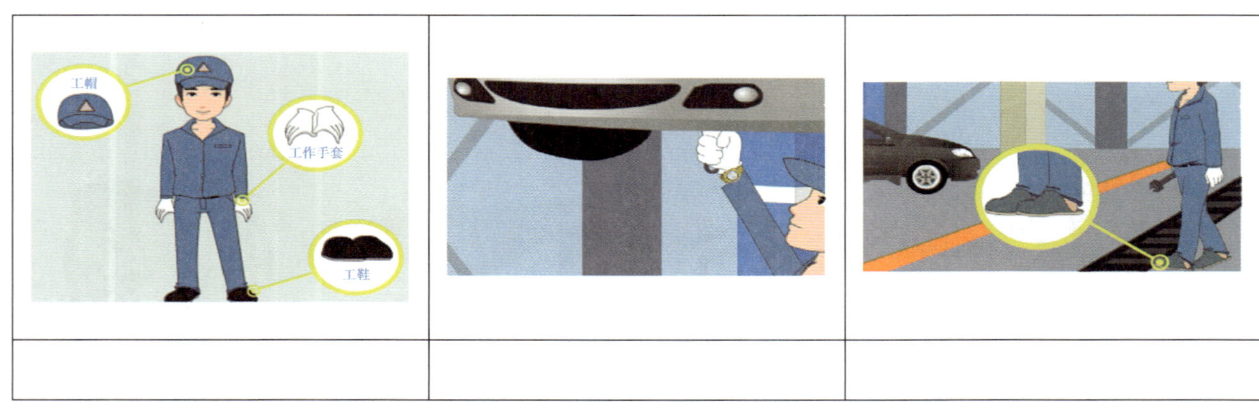

四、任务分配（见表 10-1）

表 10-1 任务分配表

职务	代码	姓名	工作内容
组长	A		
组员	B		
	C		
	D		
	E		

五、任务实施

（一）操作步骤

将表 10-2 中的工作内容进行排序，并填写所需的工具、设备、资料以及相关的注意事项。

表 10-2 操作步骤

步骤	项目	顺序	工作内容	工具、设备、资料	注意事项
1	安全防护与准备工作		打开发动机舱盖，铺设三件套		
			在正确位置摆放举升臂		
2	验证故障现象		启动发动机，观察车辆仪表台上是否有驻车制动故障指示灯		
			使用诊断仪读取“53- 驻车制动器”故障码和“03-ABS 控制单元”故障码，根据故障码进行相应的检查		
3	检查驻车电动机及其线束		拔下左侧驻车电动机插接器，使用万用表测量 J540 T30/14 号端子与左侧驻车电动机 1 号端子之间线束的阻值		
			使用万用表测量 J540 T30/29 号端子与左侧驻车电动机 2 号端子之间线束的阻值		
			使用诊断仪对驻车电动机进行基本设置（进入 53 →基本设定→ 10），观察驻车电动机是否能够正常工作。如果不能正常工作，进行下一步检查		
			使用诊断仪记录 ABS 控制单元 J104 和电控机械式驻车制动器控制单元 J540 的编码（注意一定要记录编码）		
			拆卸中央扶手、电控机械式驻车制动器控制单元 J540 及其插接器		
			一名操作人员进入车内，将车辆举升至合适高度		
			使用万用表测量左侧驻车电动机的阻值		

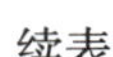

续表

步骤	项目	顺序	工作内容	工具、设备、资料	注意事项
3	检查驻车电动机及其线束		拔下右侧驻车电动机插接器，使用万用表测量 J540 T30/12 号端子与右侧驻车电动机 1 号端子之间线束的阻值		
			使用万用表测量 J540 T30/27 号端子与右侧驻车电动机 2 号端子之间线束的阻值		
			使用万用表测量右侧驻车电动机的阻值，测量结果应与左侧驻车电动机的阻值一致		
4	检查电控机械式驻车制动器按钮线束		降落车辆至合适位置		
			拔下电控机械式驻车制动器按钮的插接器		
			使用万用表测量 J540 T30/10 号端子与电控机械式驻车制动器按钮 T26h/1 号端子之间线束的阻值		
			使用万用表测量 J540 T30/9 号端子与电控机械式驻车制动器按钮 T26h/2 号端子之间线束的阻值		
			使用万用表测量 J540 T30/11 号端子与电控机械式驻车制动器按钮 T26h/6 号端子之间线束的阻值		
			使用万用表测量 J540 T30/19 号端子与电控机械式驻车制动器按钮 T26h/4 号端子之间线束的阻值		
			使用万用表测量 J540 T30/20 号端子与电控机械式驻车制动器按钮 T26h/5 号端子之间线束的阻值		
			使用万用表测量 J540 T30/18 号端子与电控机械式驻车制动器按钮 T26h/3 号端子之间线束的阻值		
5	更换电控机械式驻车制动器控制单元 J540		如果以上检查都正常，则更换电控机械式驻车制动器控制单元 J540		
			安装新的 J540，并对其和 ABS 控制单元 J104 进行编码		
			对转向角度传感器 G85、偏航率传感器 G202、侧向加速度传感器 G200、纵向加速度传感器 G251 进行基本设定，对电控机械式驻车制动器控制单元 J540 和 ABS 控制单元 J104 的自适应通道 10 进行设定		
6	验证故障并安装部件		启动发动机，检查故障指示灯是否熄灭		
			使用诊断仪检查“53- 驻车制动器”和“03-ABS 控制单元”的故障码是否能够被清除		
			检修完成后，将拆卸的部件安装回原位		
7	整理		撤去三件套，关闭发动机舱盖		
			整理工具，打扫场地卫生		

（二）实施记录

结合实施过程，对照表 10–3 中的检查项目内容，勾选或填写出实际的检查结果。

表 10–3 实施记录

序号	项目	测量结果	标准	处理意见
1	驻车制动故障指示灯是否点亮	是 □ 否 □	否	
2	电子驻车制动系统有无故障码	有 □ 无 □ 故障码内容：	无	
3	驻车电动机及其线束是否正常	正常 □ 故障 □	正常	
4	电控机械式驻车制动器按钮线束是否正常	正常 □ 故障 □	正常	
5	电控机械式驻车制动器控制单元 J540 是否正常	正常 □ 故障 □	正常	

六、检查

（一）自检

结合本组任务操作过程，对任务执行过程中的操作规范性进行检查，检查操作过程中是否存在以下问题，分析讨论应如何避免并总结规范的操作方法（见表 10–4）。

表 10–4 自检

检查项目	结果
车辆停放位置是否合适，是否将变速器置于空挡并拉紧驻车制动器	
是否使用三件套对车辆进行防护	
举升机是否按规范操作，是否注意人身安全	
电子驻车制动系统故障是否排除	
电子驻车制动系统拆卸、诊断部位是否正确恢复	
工作场地是否清洁，车辆是否复位	

（二）互检

组与组之间相互进行任务操作过程及结果检查，并把检查结果填写在表 10–5 中。

表 10–5 互检

检查项目	结果
车辆停放位置是否合适，是否将变速器置于空挡并拉紧驻车制动器	
是否使用三件套对车辆进行防护	

续表

检查项目	结果
举升机是否按规范操作，是否注意人身安全	
电子驻车制动系统故障是否排除	
电子驻车制动系统拆卸、诊断部位是否正确恢复	
工作场地是否清洁，车辆是否复位	

七、课堂小结

任务十一　电子驻车制动系统故障检修（二）

<table>
<tr><td colspan="7">电子驻车制动系统故障检修任务工单——部件检查与更换</td></tr>
<tr><td>客户信息</td><td>姓名</td><td colspan="2"></td><td>职业</td><td colspan="2"></td></tr>
<tr><td rowspan="2">车辆信息</td><td colspan="2">车型</td><td colspan="2">VIN 码</td><td colspan="2">行驶里程</td></tr>
<tr><td colspan="2"></td><td colspan="2"></td><td colspan="2"></td></tr>
<tr><td>客户描述</td><td colspan="6">制动液液位偏低 □　制动器失灵 □　ABS 故障灯常亮 □
制动灯常亮 □　轮速传感器无反馈信号 □　ABS 总泵不工作 □
车辆制动时有异响 □　电子驻车制动系统故障 □　报警灯常亮 □
其他：</td></tr>
<tr><td colspan="3">车辆外观检查</td><td colspan="4">车辆内部检查</td></tr>
<tr><td>凹凸 □</td><td colspan="2" rowspan="4"></td><td>污渍 □</td><td colspan="3" rowspan="4"></td></tr>
<tr><td>划痕 □</td><td>破损 □</td></tr>
<tr><td>石击 □</td><td>色斑 □</td></tr>
<tr><td>油漆 □</td><td>变形 □</td></tr>
<tr><td>明确具体工作任务</td><td colspan="6"></td></tr>
</table>

任务目标

- 能够正确使用诊断仪对车辆电子驻车制动系统进行自诊断
- 能够正确使用诊断仪对车辆电子驻车制动系统进行基本设定

任务内容

- 电子驻车制动系统的功能与系统组成
- 电子驻车制动系统的控制原理
- 电子驻车制动系统电路分析及故障排除

续表

	● 电子驻车制动系统的功能与系统组成 ● 电子驻车制动系统的控制原理 ● 电子驻车制动系统电路分析及故障排除
	● 电子驻车制动系统的控制原理 ● 电子驻车制动系统的故障排除

一、任务准备

在下列图片中勾选出完成本任务所需的工具、设备、资料等。

旋具套装	试灯	剥线钳	汽车万用表线组
万用表	工具车	工具套件	诊断设备
举升机	维修手册 维修手册	熔断器	实训整车

二、防护措施

1. 进入车间应穿工鞋、戴工帽；工作服应穿戴整齐，不裸露皮肤；操作时不可佩戴手表等金属饰品，以防划伤车辆表面。

2. 举升车辆时应严格按照举升机的使用方法进行操作，并通知其他学员远离举升设备。

3. 更换油液或配件时应进行油液和配件的回收清理工作，以免对工作环境造成污染。

识别下列三幅车间操作图片，勾选出操作正确的图片。

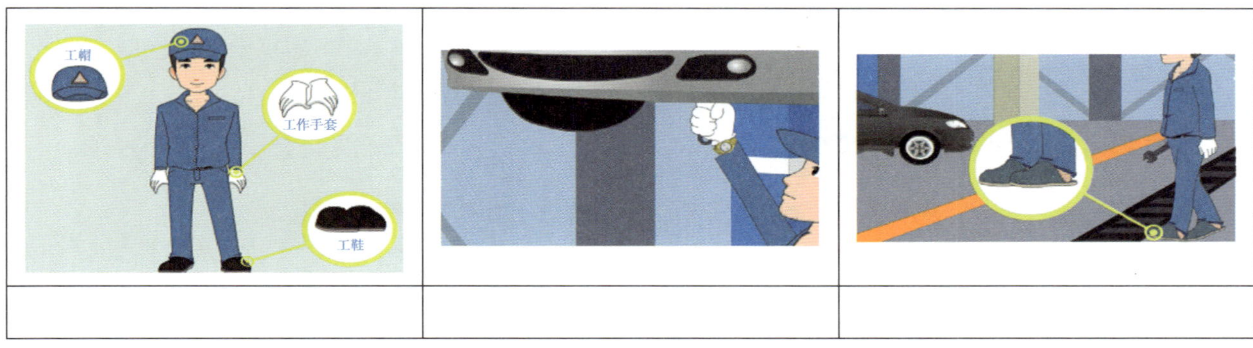

三、任务分配（见表 11-1）

表 11-1　任务分配表

职务	代码	姓名	工作内容
组长	A		
组员	B		
	C		
	D		
	E		

四、任务实施

（一）操作步骤

将表 11-2 中的工作内容进行排序，并填写所需的工具、设备、资料以及相关的注意事项。

表 11-2　操作步骤

步骤	项目	顺序	工作内容	工具、设备、资料	注意事项
1	安全防护与准备工作		打开发动机舱盖，铺设三件套		
			在正确位置摆放举升臂		
2	验证故障现象		启动发动机，观察车辆仪表台上是否有驻车制动故障指示灯		
			使用诊断仪读取“53- 驻车制动器”故障码和“03-ABS 控制单元”故障码，根据故障码进行相应的检查		
3	检查驻车电动机及其线束		拔下左侧驻车电动机插接器，使用万用表测量 J540 T30/14 号端子与左侧驻车电动机 1 号端子之间线束的阻值		

续表

步骤	项目	顺序	工作内容	工具、设备、资料	注意事项
3	检查驻车电动机及其线束		使用万用表测量 J540 T30/29 号端子与左侧驻车电动机 2 号端子之间线束的阻值		
			使用诊断仪对驻车电动机进行基本设置（进入 53 →基本设定→ 10），观察驻车电动机是否能够正常工作。如果不能正常工作，进行下一步检查		
			使用诊断仪记录 ABS 控制单元 J104 和电控机械式驻车制动器控制单元 J540 的编码（注意一定要记录编码）		
			拆卸中央扶手、电控机械式驻车制动器控制单元 J540 及其插接器		
			一名操作人员进入车内，将车辆举升至合适高度		
			使用万用表测量左侧驻车电动机的阻值		
			拔下右侧驻车电动机插接器，使用万用表测量 J540 T30/12 号端子与右侧驻车电动机 1 号端子之间线束的阻值		
			使用万用表测量 J540 T30/27 号端子与右侧驻车电动机 2 号端子之间线束的阻值		
			使用万用表测量右侧驻车电动机的阻值，测量结果应与左侧驻车电动机的阻值一致		
4	检查电控机械式驻车制动器按钮线束		降落车辆至合适位置		
			拔下电控机械式驻车制动器按钮的插接器		
			使用万用表测量 J540 T30/10 号端子与电控机械式驻车制动器按钮 T26h/1 号端子之间线束的阻值		
			使用万用表测量 J540 T30/9 号端子与电控机械式驻车制动器按钮 T26h/2 号端子之间线束的阻值		
			使用万用表测量 J540 T30/11 号端子与电控机械式驻车制动器按钮 T26h/6 号端子之间线束的阻值		
			使用万用表测量 J540 T30/19 号端子与电控机械式驻车制动器按钮 T26h/4 号端子之间线束的阻值		
			使用万用表测量 J540 T30/20 号端子与电控机械式驻车制动器按钮 T26h/5 号端子之间线束的阻值		
			使用万用表测量 J540 T30/18 号端子与电控机械式驻车制动器按钮 T26h/3 号端子之间线束的阻值		
5	更换电控机械式驻车制动器控制单元 J540		如果以上检查都正常，则更换电控机械式驻车制动器控制单元 J540		
			安装新的 J540，并对其和 ABS 控制单元 J104 进行编码		
			对转向角度传感器 G85、偏航率传感器 G202、侧向加速度传感器 G200、纵向加速度传感器 G251 进行基本设定，对电控机械式驻车制动器控制单元 J540 和 ABS 控制单元 J104 的自适应通道 10 进行设定		

续表

步骤	项目	顺序	工作内容	工具、设备、资料	注意事项
6	验证故障并安装部件		启动发动机，检查故障指示灯是否熄灭		
			使用诊断仪检查“53- 驻车制动器”和“03-ABS 控制单元”的故障码是否能够被清除		
			检修完成后，将拆卸的部件安装回原位		
7	整理		撤去三件套，关闭发动机舱盖		
			整理工具，打扫场地卫生		

（二）实施记录

结合实施过程，对照表 11–3 中的检查项目内容，勾选或填写出实际的检查结果。

表 11–3　实施记录

序号	项目	测量结果	标准	处理意见
1	驻车制动故障指示灯是否点亮	是 □　否 □	否	
2	电子驻车制动系统有无故障码	有 □　无 □ 故障码内容：	无	
3	驻车电动机及其线束是否正常	正常 □　故障 □	正常	
4	电控机械式驻车制动器按钮线束是否正常	正常 □　故障 □	正常	
5	电控机械式驻车制动器控制单元 J540 是否正常	正常 □　故障 □	正常	

五、检查

（一）自检

结合本组任务操作过程，对任务执行过程中的操作规范性进行检查，检查操作过程中是否存在以下问题，分析讨论应如何避免并总结规范的操作方法（见表 11–4）。

表 11–4　自检

检查项目	结果
车辆停放位置是否合适，是否将变速器置于空挡并拉紧驻车制动器	
是否使用三件套对车辆进行防护	
举升机是否按规范操作，是否注意人身安全	
电子驻车制动系统故障是否排除	
电子驻车制动系统拆卸、诊断部位是否正确恢复	
工作场地是否清洁，车辆是否复位	

（二）互检

组与组之间相互进行任务操作过程及结果检查，并把检查结果填写在表 11-5 中。

表 11-5　互检

检查项目	结果
车辆停放位置是否合适，是否将变速器置于空挡并拉紧驻车制动器	
是否使用三件套对车辆进行防护	
举升机是否按规范操作，是否注意人身安全	
电子驻车制动系统故障是否排除	
电子驻车制动系统拆卸、诊断部位是否正确恢复	
工作场地是否清洁，车辆是否复位	

六、课堂小结

任务十二　电子驻车制动系统故障检修（三）

<table>
<tr><th colspan="6">电子驻车制动系统故障检修任务工单——系统基本设定</th></tr>
<tr><td>客户信息</td><td>姓名</td><td colspan="2"></td><td>职业</td><td></td></tr>
<tr><td rowspan="2">车辆信息</td><td colspan="2">车型</td><td colspan="2">VIN 码</td><td>行驶里程</td></tr>
<tr><td colspan="2"></td><td colspan="2"></td><td></td></tr>
<tr><td>客户描述</td><td colspan="5">制动液液位偏低 □　　制动器失灵 □　　ABS 故障灯常亮 □
制动灯常亮 □　　轮速传感器无反馈信号 □　　ABS 总泵不工作 □
车辆制动时有异响 □　　电子驻车制动系统故障 □　　报警灯常亮 □
其他：</td></tr>
<tr><th colspan="3">车辆外观检查</th><th colspan="3">车辆内部检查</th></tr>
<tr><td>凹凸 □
划痕 □
石击 □
油漆 □</td><td colspan="2"></td><td>污渍 □
破损 □
色斑 □
变形 □</td><td colspan="2"></td></tr>
<tr><td>明确具体工作任务</td><td colspan="5"></td></tr>
</table>

任务目标

- 能够正确使用诊断仪对车辆电子驻车制动系统进行自诊断
- 能够正确使用诊断仪对车辆电子驻车制动系统进行基本设定

任务内容

- 电子驻车制动系统的功能与系统组成
- 电子驻车制动系统的控制原理
- 电子驻车制动系统电路分析及故障排除

	● 电子驻车制动系统的功能与系统组成 ● 电子驻车制动系统的控制原理 ● 电子驻车制动系统电路分析及故障排除
	● 电子驻车制动系统的控制原理 ● 电子驻车制动系统的故障排除

一、任务准备

在下列图片中勾选出完成本任务所需的工具、设备、资料等。

旋具套装	试灯	剥线钳	汽车万用表线组
万用表	工具车	工具套件	诊断设备
举升机	维修手册	熔断器	实训整车

二、防护措施

1. 进入车间应穿工鞋、戴工帽；工作服应穿戴整齐，不裸露皮肤；操作时不可佩戴手表等金属饰品，以防划伤车辆表面。

2. 举升车辆时应严格按照举升机的使用方法进行操作，并通知其他学员远离举升设备。

3. 更换油液或配件时应进行油液和配件的回收清理工作，以免对工作环境造成污染。

识别下列三幅车间操作图片，勾选出操作正确的图片。

		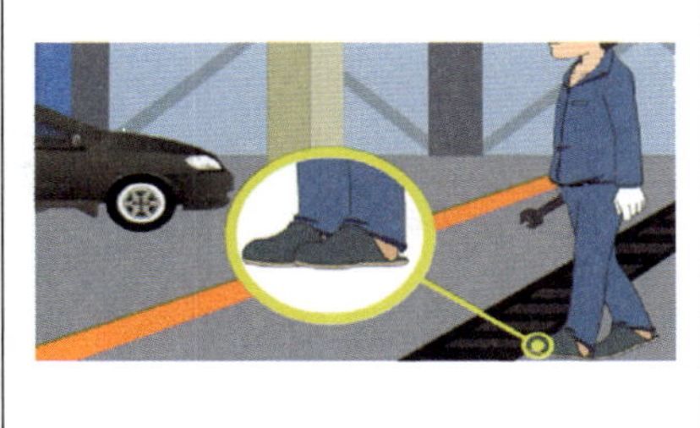

三、任务分配（见表 12-1）

表 12-1　任务分配表

职务	代码	姓名	工作内容
组长	A		
组员	B		
	C		
	D		
	E		

四、任务实施

（一）操作步骤

将表 12-2 中的工作内容进行排序，并填写所需的工具、设备、资料以及相关的注意事项。

表 12-2　操作步骤

步骤	项目	顺序	工作内容	工具、设备、资料	注意事项
1	安全防护与准备工作		打开发动机舱盖，铺设三件套		
			在正确位置摆放举升臂		
2	验证故障现象		启动发动机，观察车辆仪表台上是否有驻车制动故障指示灯		
			使用诊断仪读取“53- 驻车制动器”故障码和“03-ABS 控制单元”故障码，根据故障码进行相应的检查		
3	检查驻车电动机及其线束		拔下左侧驻车电动机插接器，使用万用表测量 J540 T30/14 号端子与左侧驻车电动机 1 号端子之间线束的阻值		

续表

步骤	项目	顺序	工作内容	工具、设备、资料	注意事项
3	检查驻车电动机及其线束		使用万用表测量 J540 T30/29 号端子与左侧驻车电动机 2 号端子之间线束的阻值		
			使用诊断仪对驻车电动机进行基本设置（进入 53 →基本设定→ 10），观察驻车电动机是否能够正常工作。如果不能正常工作，进行下一步检查		
			使用诊断仪记录 ABS 控制单元 J104 和电控机械式驻车制动器控制单元 J540 的编码（注意一定要记录编码）		
			拆卸中央扶手、电控机械式驻车制动器控制单元 J540 及其插接器		
			一名操作人员进入车内，将车辆举升至合适高度		
			使用万用表测量左侧驻车电动机的阻值		
			拔下右侧驻车电动机插接器，使用万用表测量 J540 T30/12 号端子与右侧驻车电动机 1 号端子之间线束的阻值		
			使用万用表测量 J540 T30/27 号端子与右侧驻车电动机 2 号端子之间线束的阻值		
			使用万用表测量右侧驻车电动机的阻值，测量结果应与左侧驻车电动机的阻值一致		
4	检查电控机械式驻车制动器按钮线束		降落车辆至合适位置		
			拔下电控机械式驻车制动器按钮的插接器		
			使用万用表测量 J540 T30/10 号端子与电控机械式驻车制动器按钮 T26h/1 号端子之间线束的阻值		
			使用万用表测量 J540 T30/9 号端子与电控机械式驻车制动器按钮 T26h/2 号端子之间线束的阻值		
			使用万用表测量 J540 T30/11 号端子与电控机械式驻车制动器按钮 T26h/6 号端子之间线束的阻值		
			使用万用表测量 J540 T30/19 号端子与电控机械式驻车制动器按钮 T26h/4 号端子之间线束的阻值		
			使用万用表测量 J540 T30/20 号端子与电控机械式驻车制动器按钮 T26h/5 号端子之间线束的阻值		
			使用万用表测量 J540 T30/18 号端子与电控机械式驻车制动器按钮 T26h/3 号端子之间线束的阻值		
5	更换电控机械式驻车制动器控制单元 J540		如果以上检查都正常，则更换电控机械式驻车制动器控制单元 J540		
			安装新的 J540，并对其和 ABS 控制单元 J104 进行编码		
			对转向角度传感器 G85、偏航率传感器 G202、侧向加速度传感器 G200、纵向加速度传感器 G251 进行基本设定，对电控机械式驻车制动器控制单元 J540 和 ABS 控制单元 J104 的自适应通道 10 进行设定		

续表

步骤	项目	顺序	工作内容	工具、设备、资料	注意事项
6	验证故障并安装部件		启动发动机，检查故障指示灯是否熄灭		
			使用诊断仪检查“53- 驻车制动器”和“03-ABS 控制单元”的故障码是否能够被清除		
			检修完成后，将拆卸的部件安装回原位		
7	整理		撤去三件套，关闭发动机舱盖		
			整理工具，打扫场地卫生		

（二）实施记录

结合实施过程，对照表 12–3 中的检查项目内容，勾选或填写出实际的检查结果。

表 12–3　实施记录

序号	项目	测量结果	标准	处理意见
1	驻车制动故障指示灯是否点亮	是 □　否 □	否	
2	电子驻车制动系统有无故障码	有 □　无 □ 故障码内容:	无	
3	驻车电动机及其线束是否正常	正常 □　故障 □	正常	
4	电控机械式驻车制动器按钮线束是否正常	正常 □　故障 □	正常	
5	电控机械式驻车制动器控制单元 J540 是否正常	正常 □　故障 □	正常	

五、检查

（一）自检

结合本组任务操作过程，对任务执行过程中的操作规范性进行检查，检查操作过程中是否存在以下问题，分析讨论应如何避免并总结规范的操作方法（见表 12–4）。

表 12–4　自检

检查项目	结果
车辆停放位置是否合适，是否将变速器置于空挡并拉紧驻车制动器	
是否使用三件套对车辆进行防护	
举升机是否按规范操作，是否注意人身安全	
电子驻车制动系统故障是否排除	
电子驻车制动系统拆卸、诊断部位是否正确恢复	
工作场地是否清洁，车辆是否复位	

（二）互检

组与组之间相互进行任务操作过程及结果检查，并把检查结果填写在表 12-5 中。

表 12-5 互检

检查项目	结果
车辆停放位置是否合适，是否将变速器置于空挡并拉紧驻车制动器	
是否使用三件套对车辆进行防护	
举升机是否按规范操作，是否注意人身安全	
电子驻车制动系统故障是否排除	
电子驻车制动系统拆卸、诊断部位是否正确恢复	
工作场地是否清洁，车辆是否复位	

六、课堂小结